이것은 작은 브랜드를 위한 책

실전편

이것은 작은 브랜드를 위한 책

이근상 지음

31

브랜딩이 필요한 당신을 위한
31개의 질문과 해답

mons 몬스

목차

서문 나는 왜 브랜드를 말하는가 08

서문2 책 제목을 바꿔 달면서 014

01
당신의 브랜드는 브랜드가 아닐 수 있다 018

02
브랜드는 사람이다 025

03
DNA가 없는 것은 브랜드가 아니다 032

04
제품력만이 핵심 가치가 되는 것은 아니다 042

05
본질과 소비자가 만나는 곳에서 브랜드가 탄생한다 051

06
만든 사람이 아니라 쓰는 사람의 관점에서 보라 059

07
핵심 가치는 진화되어야 한다 068

08
'나의 경험'이 가장 좋은 재료이다 077

09

브랜딩은 오늘의 문제를 해결하기 위한 것이 아니다 085

10

한 명의 페르소나를 찾아라 093

11

광고 대행사와 일하지 말라 101

12

카피는 글이 아니다 (1) 109

13

카피는 글이 아니다 (2) 115

14

반대쪽에 답이 있다 123

15

내부 고객이 먼저다 132

16

브랜딩만큼 강력한 모티베이션은 없다 141

17

잘 만든 비전이 브랜드를 제대로 키운다 149

18

문제를 모르는 것이 문제다 156

19

지역 사회의 일원이 되라 163

20

환경 이슈에 현명하게 대처하라 172

21

도전자여, 뉴스를 만들라 182

22

PPL은 효과가 있을까 190

23

'중꺾마'가 핵심이다 198

24

마케팅은 더 이상 포장의 기술이 아니다 208

25

뒤집고 싶다면 경쟁의 판을 새로 짜라 215

26

멀리 내다보는 새가 오래 난다 223

27

디자인만 바꿔도 달라질 수 있다 231

28

경험을 디자인하라 240

29

정신적 멤버십을 만들라 250

30

흔적은 넓히면 사라진다 259

31

당신의 브랜드는 브랜드가 되어야 한다 268

맺음말 276

1990년대 초반이었을 것이다. 경성획과를 졸업하고 광고 회사에서 일하고 있는, 명색이 광고 기획자라는 사람이 '브랜드'라는 것에 대해서 처음 생각하기 시작했던 때가 그즈음이었다. 첫 직장이었던 코래드는 다국적 광고 회사인 오길비 앤 매더 Ogilvy & Mather와 제휴 관계를 맺고 있었고, 당시 국제기획국에서 일하고 있던 나는 일 년에 한두 번씩 한국에 왔던 오길비 앤 매더의 크리에이티브 총책임자 노먼 베리Norman C. Berry 선생과 꽤 많은 시간을 보낼 기회가 있었다. 나는 그분께 브랜드가 무엇인지에 대해 많은 것을 배웠다.

브랜드라는 개념을 생각하며 광고를 만드는 사람을 찾아보기 힘들던 당시 국내 광고업계의 현실 속에서 선생은 'single minded message가 중요하다.'는 한 문장으로 브랜드가 무엇인지 알려주셨다. 그런 관점과는 무관하게 광고 크리에이티브만 생각하는 업무 분위기가 마음에 들지 않아 나는 퇴사 후 'KS, the Brander'라는 명함을 파서 프리랜서 기획자로 한동안 일했다. 이것이 내가 브랜드와 인연을 맺게 된 사연이다.

개인의 성장사를 말하자는 건 아니다. 이렇게 맺은 브랜드와의

인연을 아직까지 중요하게 이어가고 있는 이유에 대해 말하고
싶어 앞 이야기가 길었다. 내가 광고 회사에 들어갔던 1989년
은 광고라는 산업이 꽃을 피우기 시작하던 시기였다.

사람들은 어제 티브이에서 보았던 주윤발 주연의 밀키스 광고
를 화제로 삼았고, 초코파이의 '정' 캠페인은 광고가 사회를 움
직일 수 있다는 것을 보여주기도 했다. 당시만 하더라도 광고
업계에 종사하는 사람들은 '광고를 잘 만드는 일'에 몰두했다.
당연한 말 같지만, 차를 몰아 어디로 가느냐보다 차를 얼마나
멋지게 모는가에 모든 관심이 집중되었다는 뜻이다.

20세기까지만 하더라도 그 두 가지는 크게 구별되는 개념이 아
니었다. 차를 멋지게 몰면 대체로 원하는 목적지에 도달했으니
말이다.

"남자는 여자 하기 나름"이라는 가부장적 카피로 삼성전자의
VTR은 인기를 얻었고, "짜장면 시키신 분"이라는 느닷없는 멘
트 하나로 파워디지털 017은 브랜드 인지도를 높일 수 있었다.
그러던 시절이니 광고보다 브랜드가 중요하다는 이야기는 별
매력이 없는 '소수 의견'에 불과했다.

21세기 들어 인터넷이 세상을 바꾸기 시작했다. PC 통신으로 소통하던 사람들은 페이스북에서 새로운 친구를 사귀기 시작했고, 종이 신문이나 백과사전이 하던 역할을 포털이나 검색 엔진이 대신하게 되었다. 이렇게 온라인의 영향력이 커지고 있던 2007년 스티브 잡스는 인터넷이 탑재된 아이폰을 세상에 선보였고, 아이폰을 위시한 스마트폰은 빛의 속도로 삶 속으로 들어왔다.

당시 광고업계에서 일하던 사람들은 광고 미디어의 중심이 티브이에서 온라인과 모바일로 넘어갈 것이라 예측했다. 예측은 빠른 속도로 현실이 되었고, 당시 수많은 온라인 광고 회사들이 탄생했다. 나의 예측 방향은 좀 달랐다. 광고 미디어의 중심이 바뀌는 수준의 변화를 뛰어넘어 삶의 방식 자체를 변화시킬 것이라 내다봤고 이런 생각이 크게 빗나가지는 않았다.

온라인과 모바일의 생활화는 정보의 쌍방향 흐름을 통해 살아가는 방법 자체를 바꾸어 놓았다. 사람들은 티브이 광고 카피보다 SNS나 온라인 제품 리뷰에서 필요한 정보를 더 많이 얻기 시작했다. 광고는 점점 힘을 잃어갔고 소비자는 빠른 속도로 똑똑해졌다. 광고로 그렇지 않은 것을 그렇다고 포장하는 일은 힘들어지고, 그럴 필요도 사라지고 있다.

마케팅이 시장을 흔들던 질풍노도의 50년을 지나 다시 본질의 시대로 돌아온 것이다. 이제 제대로 된 본질이 없다면 그 무엇의 도움도 소용이 없게 되어버렸다. 뒤집어 말하면, 본질을 중심으로 브랜드를 잘 만들어가면 별다른 도움 없이도 성공할 수 있는 시대가 되었다. 특별한 기술과 뛰어난 아이디어를 제품이나 서비스로 만드는 일이 어렵지 않게 되면서 본질이 훌륭한 브랜드의 묘목들이 여기저기서 자라고 있다. 그들이 제대로 자라 흔들리지 않는, 뿌리 깊은 나무가 되려면 '별다르지 않은 도움' 하나가 필요할 것이다. 브랜드의 개념을 알고 실천하는 것이 바로 그것이다.

이 책에서 이야기하고 있는 내용은 어쩌면 독자 여러분이 살아가면서 한 번쯤은 해봤던 생각일 수도 있을 것이다. 그래서 미리 '별다르지 않은 도움'이라 고백한 것이다.

1990년대 초반 노먼 베리 선생의 이야기를 들으며 나는 '이렇게 옳고도 당연한 이야기를 나는 왜 이제야 알게 되었나?'라고 반문했었다. 그런데 당시 광고계 선배들에게 같은 이야기를 전달하면 대부분 콧방귀를 뀌었다. 나에게는 당연한 이야기가 다른 생각을 가진 사람의 귀에는 시답잖게 들렸던 것이다. 아마이 책에서 말하고 있는 것들도 어떤 생각을 하고 있느냐에 따라 달리 들릴지도 모르겠다.

좋은 본질을 가진 제품이나 서비스를 어떻게 발전시킬 것인가 고민하는 사람들에게 '이 당연한 이야기를 나는 왜 이제야 알게 되었나?'라는 반응을 얻고 싶은 것이 내가 브랜드를 말하는 이유이다.

내가 노먼 베리 선생을 만났을 때쯤 유행했던 맥심 커피의 광고 카피가 떠오른다. "가슴이 따뜻한 사람과 만나고 싶다." 나도 이 책을 통해 '가슴이 따뜻한 브랜드와 만나고 싶다'.

책 서문에 엔딩 크레디트처럼 등장하는 감사 인사는 생략하겠다. 고맙지 않은 사람이 없다. 따로 찾아뵙고 인사드리는 것이 은혜를 입은 자의 도리일 것이다. 탈고의 기쁨을 수백 일의 새벽과 함께 나누고 싶다. 새들도 깨지 않은 그 새벽 시간들이 몇 주째 고민하던 주제를 떠올리게 해주었고, 엉망이던 글을 몇 번이고 고쳐 써서 글의 꼴이 되도록 도와주었다.

그리고 그 시간 늘 내 곁을 지켜주었던 반려견 산이의 명복을 빈다. (원고를 마친 2023년 8월 2일 마치 자신의 임무를 다했다는 듯 세상을 떠났다.)

2023년 8월, 버릇처럼 깬 새벽

이근상

이 책의 원제목은 『당신의 브랜드는 브랜드가 아닐 수 있다』였다. 제목을 바꿔 다시 출판하는 일이 혹시라도 독자들에게 혼선을 주지 않을까 걱정하며 한동안 망설였다. 염려되는 여러 가지 상황을 제쳐두고 출판사의 개명 제의에 동의했던 이유는 단 하나, 이 책의 쓰임새를 높여줄 수 있을 것이라는 판단에서였다.

2021년 말 『이것은 작은 브랜드를 위한 책』을 출판하면서 나와 같은 고민, 같은 생각을 가진 분을 꽤 많이 만나게 되었다. 그분들 중에는 실제로 현실의 문제를 함께 고민하고 풀어나간 경우도 있었지만, 작은 브랜드로서 극복해야 할 문제를 의논하는 과정에서 새로운 시도를 해보지 못한 채 기존의 관행에 머무른 사례가 더 많았다. 아마 의논조차 시작하지 못하고 속만 끓이고 있는 사례를 더하면 과거에 머무르고 있는 작은 브랜드의 숫자는 훨씬 더 많을 것이다.

나 자신도 직접 관여하고 있는 일에 책에서 말한 것들을 적용하지 못하고 관성적으로 일하는 경우가 종종 있다. 그러니 변화가 가져올 긍정적 미래에 대한 확신이 없는 가운데 새로운 시도를 하는 일이 상황이 녹록지 않은 작은 브랜드에게 얼마나 어려운 일인지 충분히 짐작이 된다. 그런 관점에서 이 책의 내용을 다시 훑어보며, 내가 왜 이 책을 쓰게 되었나 돌아보았다.

브랜드가 안고 있는 문제는 백인백색이다. 어느 하나 같은 것이 없을뿐더러 유형별로 나누어 공통된 해법을 제시하는 것도 불가능하다. 실제로 문제 해결을 위한 프로젝트를 맡게 되면 두세 달이 걸려도 답이 보일까 말까 한다. 이런 현실을 잘 알면서 고작 31개의 질문과 답을 제시하며 '이 중에서 답을 찾아보시오.'라고 말하려는 것은 절대 아니다. 하지만 브랜드가 안고 있는 문제의 유형이 어떤 것인지 알아내고, 그런 문제의 경우 어떤 길에서 답을 찾는 것이 좋은지 감을 잡게 하는 일에는 작은 도움이 될 수 있으리라 생각한다. 답을 찾지 못하거나 잘못된 길에서 헤매고 있는 브랜드들을 보면 문제를 제대로 정의하거나 파악하지 못하고 있는 경우가 대부분이다. 자신의 문제를 정확하게 찾아낼 수 있다면 그것만으로도 이 책을 읽는 목적의 절반 이상을 달성한 것이다.

광고, 마케팅, 브랜딩 등의 일에 종사하며 30여 년을 보냈다. 수 많은 실패를 경험했고, 성공이라 이름 붙일 만한 사례도 꽤 있 다. 이런 실패와 성공 속에서 얻은 가장 확실한 경험칙 하나는 'No Changes, No Changes'이다. 아무것도 바꾸지 않고 변화 에 성공한 경우는 없다. 물론 변화를 시도하고도 실패한 경우 도 많지만, 성공한 프로젝트의 시작점에는 항상 작은 변화가 있었다. 이 책의 이름을 바꾼 유일한 이유가 바로 그것이다. 새 로운 변화를 시도하는 작은 브랜드에게 이 책이 유용하게 쓰이 길 바란다.

'실전편'이라는 말이 무색하게 이 책에서 구체적인 답을 찾는 일은 불가능할 것이다. 그리고 현실에 발을 딛고 생각해 보면 이상적인 원론의 나열처럼 보일 수도 있다. 어느 강연에서 이 렇게 말했다. "답답한 현실에서 벗어나고 싶다면 어느 한순간 과감하게 비현실적인 변화를 시도해야 하지 않을까요?" 이 책 이 힘든 현실을 벗어나기 위한 비현실적인 시도의 자극제가 될 수 있다면 그것으로 충분할 것이다. 결국 답은 문제를 간절히 해결하고 싶은 사람의 마음속에 있다. 이 책의 첫 페이지를 펼친 것만으로도 이미 답에 다가가고 있다고 감히 말하고 싶다. 진흙 속에서 보석을 찾길 기원한다.

2025년 1월, 변화의 한가운데에서

이근상

당신의 브랜드는
브랜드가 아닐 수 있다

01

"그럼 우리는 브랜드가 아니란 얘기네요?" 꽤 규모가 큰 기업과의 브랜드 관련 회의에서 담당 임원이 다소 격앙된 투로 말했다. 브랜드를 어떻게 만들 것인가에 대한 이야기를 하는 자리에서 그 기업이 브랜드가 되기 위해서는 '하나의 핵심 가치'에 집중해야 한다고 설명하자 나온 반응이었다. 회의 내내 그분은 각 사업부의 매출을 어떻게 늘려야 하며, 경쟁사의 활동을 어떻게 따라 할 것인지에 대해 이야기했다.

나는 도대체 그런 일들이 브랜딩과 어떤 관련이 있는지 이해가 되지 않았다. 브랜드 컨설팅이 필요하다고 회의를 주최한 쪽에서도 '하나의 핵심 가치'에 집중하는 일이 매출이나 기업 위상과 무슨 관계가 있는 것일까 이해가 되지 않았을 것이다.

브랜드 캠페인을 준비하거나 진행하는 도중에도 비슷한 일이 일어나기도 한다. 그런 일에 비하면 위의 사례는 프로젝트 시작 전이니 그나마 다행이다. 같은 생각을 하고 있는 줄 알았는데, 한참 일을 진행하다 보니 서로 다른 쪽을 바라보고 있는 것을 발견하게 되는 것이다.

'브랜드'라는 하나의 단어를 다르게 해석함으로써 생기는 문제이다. 브랜드가 지향해야 하는 하나의 인식을 만들기 위해 광고를 만들었는데, 그것과 상관없는 방향으로 디테일을 수정하기도 한다. 수정 사항을 다 받아 주다 보낸 광고는 전혀 다른 모습으로 바뀌어 있게 된다. 브랜드의 방향성에 대해 동의한 이후에도 브랜드 슬로건을 좀 더 광고적으로 다시 만들어 달라는 요구를 하기도 한다. 수정의 방향성을 들어보면 당시 인기 있는 다른 브랜드의 슬로건처럼 '멋진 것'을 개발해 달라는 것이다. 정작 브랜드가 가야 할 방향성에 대한 내실은 제대로 마련되지 않았는데, 슬로건 하나로 브랜드를 띄울 수 있다고 착각하는 경우이다.

브랜드의 개념은 이해하고 있지만, 다양한 이유로 실천하지 못하는 사례도 많이 경험했다. 사업 목표나 매출 목표를 달성해야하는 현실 속에서 브랜드의 활동을 한 방향으로 집중하는 일은 생각보다 어렵긴 하다. 당장 매출을 올릴 수 있는 방법이 보이는데도 그것이 브랜드의 정체성과 맞지 않는다는 이유로 거부하기 힘든 일이 생기기도 하고, 현실적인 문제를 당장 해결하는 일이 장기적인 브랜딩보다 급하기 때문에 어쩔 수 없는 상황이 발생하기도 한다. 단기적으로는 불가피해 보이지만 장기적인 관점에서 보면 브랜드에 부정적인 영향을 끼치는 일이다. 그리고 그런 예외는 한 번으로 끝나지 않는 경우가 대부분이다.

여러 가지 이유로 브랜딩은 쉽지 않은 일이다. 그런데 무엇보다 심각한 문제는 위에서 언급한 상황보다도 더 브랜딩과는 거리가 먼 일들을 하면서 스스로를 브랜드라고 착각한다는 것이다. 기본적으로 제품과 브랜드의 차이를 이해하지 못하고 판매 촉진 활동과 브랜딩이 어떻게 다른 것인지 잘 모르면서 브랜드, 브랜딩, 마케팅 등의 용어를 마구 쓴다. 이런 경우에 무엇이 문제일까?

무엇보다 투입되는 비용의 효율성이 떨어질 수밖에 없다. 이루고 싶은 것과 하고 있는 활동이 다르니 효율적일 수 없다. 그리고 판매 촉진 활동만으로 만들어낼 수 있는 한계를 넘어 성장하는 것이 불가능하다. 운동을 할 때 기본 원리를 이해하고 훈련을 하는 사람과 원리에 대한 이해 없이 겉모습만 따라 하는 사람의 차이를 떠올려보면 이해하기 쉬울 것이다. 원리를 모르고 하는 동작으로는 힘의 전달 효율성이 떨어져 제대로 된 파워를 내기 힘들고, 어느 정도 수준까지 도달하는 일은 가능할지 몰라도 고수의 길로 들어서는 일은 불가능하다. 브랜드가 아니면서 자신을 브랜드라고 착각하면 똑같은 일이 일어난다. 제품의 단계를 뛰어넘어 브랜드의 가치를 만들어내는 일이 불가능해진다.

진정한 브랜드가 되고 싶다면 지금까지 해온 일들이 브랜드의 개념을 제대로 이해하고 한 것인지, 한 걸음 더 나아가 자신의 브랜드가 진정한 브랜드인지 돌아보는 일부터 시작해야 한다.

다음 10가지 질문에 답해 보자. 그중 몇 가지에 해당되어야 진정한 브랜드인가를 판단하자는 것이 아니다. 브랜드로 가는 길의 어느 부분에 당신의 브랜드가 위치해 있는지 판단하는 척도로 쓰면 좋을 것이다. 현재 위치한 곳에서 그다음 질문에 답하기 위한 행동을 준비하면 된다.

1. 당신의 브랜드를 잘 설명할 수 있는 하나의 형용사가 있는가?

2. 그 형용사가 너무 범용적이어서 브랜드의 자산이 되기 어렵지 않은가?

3. 그 형용사는 경쟁 브랜드와 차별화된 인식을 만들 수 있는 것인가?

4. 그 차별화된 인식은 소비자나 고객의 삶 속에서 의미 있는 것인가?

5. 차별화된 인식을 만들어가기 위한 (적어도) 3년 이상의 계획이 있는가?

6. 브랜드가 소비자의 삶과 성공적으로 연결된 모습을 설명할 수 있는가?

7. 브랜드에 관한 모든 의사 결정은 차별화된 인식을 기반으로 한 것인가?

8. 매출 증대를 위해 브랜드의 정체성과 무관한 활동을 한 적이 있는가?

9. 브랜드와 관련된 의사 결정 구조는 단순하며 일관성 있는가?

10. 조직 구성원 전체가 브랜드의 개념과 정체성에 대해 잘 알고 있는가?

‘나의 브랜드는 브랜드가 아닐 수 있다.’고 의심해 보라.

그 순간부터 제대로 된 브랜딩이 시작된다.

브랜드는 사람이다

02

Q.

"식품 회사에서 일하다 나와서 스타트업 기업을 창업했습니다. 대기업에서 일했던 경험을 바탕으로 밀키트와 관련된 일을 준비하고 있는데, 생산이나 물류 등과 같은 일에 집중하다 보니 브랜드나 브랜딩과 같은 일에 대해서는 생각해 볼 기회가 별로 없었습니다. 막상 비즈니스 론칭을 앞에 두고 그런 일들이 중요할 것 같다는 생각이 들긴 하는데 무엇부터 시작해야 할지 모르겠습니다."

브랜드에 관한 강의를 시작할 때마다 '브랜드란 무엇인가?'라는 질문을 던진다. '브랜드'가 무엇인지 모르는 사람이 있을까 싶지만, 명확하게 설명하는 일이 쉽지는 않다. 저마다 생각하는 '브랜드'의 정의도 조금씩 관점이 다르다.

브랜드를 제대로 정의하기 위해서는 일단 제품(또는 서비스)과 브랜드는 어떻게 다른 것인지 이해해야 한다. 개괄적으로 이야기하자면, 공장에서 생산된(또는 현장에서 제공되는) 무엇인가가 제품이라면 그에 대해 소비자나 고객이 갖는 인식을 브랜드라고 할 수 있다. 디자인 패턴을 만들고 기능성 옷감을 이용해 만들어진 바람막이 재킷은 제품이고, 그 위에 붙은 로고(좁은 의미의 브랜드)와 결합되어 만들어지는 인식이 브랜드이다. 그 인식은 제품과 관련된 개인적인 경험, 홍보 기사나 광고 등을 통해 수용된 메시지, 브랜드의 다양한 마케팅 활동 등을 통해 쌓인 것이다. 마치 바닷새가 나뭇잎, 지푸라기, 해초, 타액 등을 사용해 새집을 만드는 과정처럼 인식이 만들어지게 되고, 새집이 그러하듯 멀리서 보면 그 인식은 하나의 형태를 갖게 된다. 브랜딩이란 그렇게 브랜드를 만들어가는 일, 즉 새집과 같은 하나의 인식을 만들기 위해 브랜드를 키워가는 과정이라고 할 수 있다.

중간 과정을 생략한 터라 이해하기 어려울 수 있다. 이해를 돕기 위해 하나의 명제로 브랜드를 정리해 보겠다. '브랜드는 사람이다.'라는 명제는 '브랜드를 만든다는 것은 하나의 사람을 키우는 일과 같다.'를 줄여 말한 것이다. 아이를 낳아 원하는 인간상으로 키워가는 과정이 브랜드에 그대로 적용될 수 있다는 의미이다. 새로운 제품이나 서비스를 기획하고 만드는 것은 아이를 낳는 일에 비유할 수 있다. 아이의 부모는 이 아이가 커서 어떤 아이가 되었으면 하는 꿈을 가질 것이다. 이것이 브랜드의 비전, 즉 소비자나 고객이 이 브랜드에 대해 가지길 바라는 인식(desired perception)이다. 그리고 그 꿈을 이루기 위해 다양한 형태의 교육과 동기 부여 등을 통해 '그렇게' 성장하도록 지원한다. 이것이 마케팅과 브랜딩이다. 이 개념만 이해하고 나면 많은 문제들이 생각보다 쉽게 해결된다.

일본의 산악인 다쓰노 이사무가 만든 '몽벨'이라는 아웃도어 브랜드가 있다. 이 브랜드의 철학, 즉 꿈은 명확하다. 'Light and Fast'이다. 산을 빠르게 타기 위한 가장 중요한 요소를 성량성이라 정하고 그에 적합한 기술을 개발하고 제품에 적용시켜 몽벨을 세계적인 아웃도어 브랜드의 반열에 올려놓았다. 2011년, 이 브랜드의 국내 광고 캠페인을 맡았다. 기능성이나 품질 면에서는 뛰어났지만, 브랜드 인지도나 선호도가 상당히 낮았다. 시장 점유율이 낮으니 광고 등을 위한 마케팅 예산도 당연히 넉넉하지 않았다. 제품이 가진 기능성, 특히 경량성에 집중해야 한다고 제안했다. 광고 예산이 넉넉한 메이저 브랜드들처럼 유명 모델이 산에 오르는 뻔한 광고를 해서는 차별화된 브랜드 이미지를 만들기 어렵다는 점을 강조했다.

'PROVE'라는 캠페인 주제를 제안했다. 세 명의 일반 모델이 나와서 경량 재킷, 초경량 텐트, 접지력이 뛰어난 등산화의 기능성을 보여주는 단순한 형태의 광고를 비교적 적은 예산으로 만들었다. 캠페인은 성공적이었으며, 광고 이외에도 실제로 제품의 기능성을 소비자들이 직접 경험할 수 있는 'PROVE Team'

을 운영하면서 차별화된 브랜드 이미지를 만들어갔다. 안타깝게도 이 캠페인은 일 년을 넘기지 못했다. 제품이 가진 특성의 일부만을 강조하는 것이 아니냐는 내부의 불안감을 극복하지 못했던 것이다. 결국 다른 브랜드들처럼 '유명 모델이 산에 오르는' 광고를 만들 수밖에 없었다.

사람이고 브랜드고 모두의 사랑을 받는 일은 불가능하다. 더 많은 사람들의 사랑을 받기 위해 노력하는 것이 인지상정이지만, 그러한 노력은 십중팔구 자신의 특장점을 희석시키는 부작용을 낳기 마련이다. 특히나 소비자의 취향은 점점 세분화·개인화해 가고 그를 만족시키기 위해 경쟁하는 브랜드의 숫자가 늘어나는 상황을 감안한다면, 팔방미인형 인간보다는 구체적인 분야에서의 전문성을 인정받는 것이 유리할 것이다.

위의 질문으로 돌아가보자. 밀키트 시장은 빠르게 성장하는 카테고리 중 하나이다. 우선 수많은 경쟁 브랜드들 사이에서 자신만의 존재 이유를 만들어야 한다. "소비자에게 '어떤' 밀키트를 제공할 것인가?"라는 질문에 대한 구체적인 답을 만드는 일이 바로 브랜딩이다. '맛있는', '좋은 재료를 사용한'과 같은 형용사는 브랜딩에 도움이 되지 않는다. 위 질문에는 아주 위험해 보이는 대목이 있다. "생산이나 물류 등과 같은 일에 집중하다 보니"가 바로 그것이다.

생산하는 제품의 특성과 물류 시스템의 구조는 어떻게 결정되었을까? 창업자의 사업 방향성이 구체적이어서 그것에 맞추어 제품 생산과 물류 체계 개발이 진행되었다면 다행이다. 하지만 그 방향성이 '잘', '효율적으로', '더 나은 방법으로'와 같은 것들이었다면 브랜딩의 과정은 험난할 것으로 예상된다. 만약 창업자가 제품의 구체적인 성격을 염두에 두고 비즈니스를 준비했다면 바로 그것이 브랜드의 핵심 가치가 되는 것이다. 예를 들어 '자기 관리에 관심을 가진 소비자를 위한 밀키트'를 만들겠다는 방향을 설정했다면 브랜드의 네이밍, 패키지 디자인, 제품의 종류와 구성, 유통 채널의 선택 등이 그 방향으로 집중될 수 있을 것이고, 자기 관리에 힘쓰는 사람들을 대상으로 한 차별화된 마케팅 아이디어를 기획할 수 있을 것이다.

'좋은' 브랜드를 만드는 일은 하나의 '멋진' 인격체를 만드는 일에 비유할 수 있다. 브랜드를 만드는 사람에게 가장 중요한 일은 '좋은'과 '멋진'의 자리에 들어갈 자신만의 구체적인 형용사를 정의하는 것이다. 그리고 그 형용사가 목표로 하는 바가 달성될 수 있도록 모든 활동을 한 방향으로 집중하면 된다.

물론 사업을 운영하다 보면 다양한 변수로 인해 한 방향으로 집중하기 어려운 상황이 벌어지기 마련이다. 하루하루 벌어지는 일들에 대해서 효율적으로 대응해야 하지만 그 대응책에 대한 의사 결정 역시 정해진 방향성의 틀 안에서 이루어져야 할 것이다.

브랜드를 키우는 일은 하나의 인격체를 성장시키는 일과 같다.
'어떤' 인격체로 키울 것인가 결정하고 그에 집중하라.

DNA가 없는 것은 브랜드가 아니다

03

Q.

"지방의 작은 도시에서 피자 레스토랑을 운영하고 있습니다. 신선한 재료를 고집하며 어떤 피자에 비교해도 떨어지지 않는 맛의 화덕 피자를 만들고 있다고 자부합니다. 머지않은 미래에 이 브랜드로 서울에 진출할 계획을 갖고 있습니다. 유튜브 강의를 보니 브랜드 DNA를 강조하던데, 그게 어떤 것을 의미하는지, 왜 필요한 것인지 잘 이해가 되지 않습니다. 좋은 재료로 피자를 잘 만드는 것 이외에 어떤 것이 브랜드의 DNA가 될 수 있는 것인지 궁금합니다."

앞에서 이야기한 '브랜드는 사람이다.'라는 명제를 떠올리면, 우리가 사람을 평가하고 그들과 관계를 맺는 과정을 그대로 브랜드에 대입해 생각보다 쉽게 브랜드와 관련된 상황을 이해하고 대처할 수 있다. 브랜드가 되기 위해서는 우선 실체를 바탕으로 자신만의 '인식perception'을 만드는 것이 필요하다. 그리고 그 '인식'을 매개체로 소비자와 관계를 맺는 일을 해야 한다. 이 두 가지 조건이 충족되어야 제품이나 서비스의 단계를 넘어 브랜드가 되는 것이다.

브랜드를 사람으로 치환해 보자. 우리는 살아가면서 무수히 많은 사람을 만나게 되는데, 그중 어떤 사람과 '관계'를 맺게 되는지 생각해 보자. 내 삶에 의미가 있는 사람들이 그 대상이 될 것이다. '나를 가장 잘 알아주는 사람', '만날 때마다 맛있는 것을 잘 사주는 사람', '곤란한 일을 척척 해결해 주는 사람' 등의 긍정적 형용사를 부여할 수 있는 사람도 그 대상이고, '지적질을 일삼는 사람', '밥값을 잘 내지 않는 사람', '약속에 잘 늦는 사람' 등의 부정적 딱지를 붙일 수 있는 사람노 그 대상이 될 것이다. 전자와는 긍정의 관계를 맺고 후자의 사람들과는 부정의 관계, 즉 의도적 회피나 절연 등을 하게 된다. 나머지 큰 의미가 없는 사람들은 그저 '아는 사람'일 뿐이다. 내 삶에 필요한 브랜드란 전자에 속하는 사람들 같은 것이다.

DNA에 대해 이야기해 보자. 키, 생김새, 마음씨, 행동 방식 등을 결정하는 유전자이다. 이것이 '인식'을 만드는 재료가 된다. 브랜드에도 이러한 DNA가 반드시 필요하다. 고전적 마케팅에서는 이것을 브랜드 이미지, 브랜드 콘셉트, 포지셔닝 등으로 표현했다. 비슷한 맥락에서 이해할 수도 있지만, 굳이 DNA라는 단어를 쓰는 이유는 실체가 전제되어야 하기 때문이다. 브랜드 이미지나 포지셔닝도 실체가 없이 만들어지기는 힘들지만, 실체보다는 어떤 인식이 마케팅에 유리할 것인가가 더 중요한 기준이 된다.

1980년대 펩시콜라가 코카콜라를 이기기 위해(실제로 이겼다.) 자신들을 "the choice of next generation"이라고 자리매김한 것이 대표적인 사례인데, 과연 펩시콜라의 어떤 점이 젊은 세대를 위한 것이었을까? 그들이 대대적으로 펼친 광고 캠페인 이외에는 그 근거를 찾기 어렵다. 그 당시는 그런 것이 가능했다. 물론 지금도 이런 방식의 커뮤니케이션이나 마케팅이 불가능한 것은 아니지만, 실체 없는 이미지나 자리매김은 지속되기 어렵다.

피자 레스토랑의 사례를 이야기해 보자. '좋은 재료로 제대로 만든 피자'는 훌륭한 실체임에 틀림없다. 하지만 '좋은 인성을 갖추고 바르게 사는 사람'이라는 말은 너무 옳은 말이어서 누군가의 캐릭터를 설명하기엔 문제가 있지 않을까? 이런 사람과 관계를 맺지 않을 이유도 없지만, 내 인생에 특별한 의미를 부여한다고 특정하기도 어렵다. 점점 늘어나는 브랜드의 숫자는 소비자에게 좀 더 구체적인 선택의 이유를 요구한다. 왜 A 대신 B인가가 아니라 A-1이 아닌 A-36을 왜 선택해야 하는가에 대한 이유가 필요하다는 이야기이다.

브랜드의 핵심 가치라고 부르는 DNA는 '삶의 어떤 순간에 어

떤 의미를 가진다.'라고 말할 정도로 구체적이어야 한다. 소비
자의 수준이 올라갈수록 '좋은 재료로 제대로 만든 피자'를 판
매하는 피자 레스토랑의 숫자는 늘어날 것이기 때문에, 그중
에서도 '내가' '이 피자 브랜드'를 선택할 구체적 이유가 있어야
한다. 그것은 피자의 형태(예를 들어 네모난 피자), 재료의 특
이성(이를테면 산나물 토핑), 목표 소비자층의 구체화(비건용
피자) 등이 될 수 있을 것이다. 물론 이 모든 것은 실체에서 출
발해야 한다. 작지만 중요한 실마리 하나를 찾아서 그것을 확
대하고 강화해 자신만의 DNA로 만들어야 한다.

최근 미국 뉴욕에서 화제가 되고 있는 '블랭크 스트리트 커피
Blank Street Coffee'라는 브랜드가 있다. 2020년 8월 코로나19가
한창일 때, 뉴욕 브루클린에서 작은 전기 카트로 시작한 블랭
크 스트리트 커피는 불과 2년 사이에 뉴욕에만 40여 개의 매장
을 열었을 정도로 '뜨는' 브랜드가 되었다. 모래알처럼 많은 커
피 브랜드 사이에서 이 브랜드가 성공할 수 있었던 이유는 무
엇일까? 이들은 자신의 존재 이유, 즉 소비자가 자신을 선택하
게 할 구체적 이유를 가지고 있었다. "스타벅스보다 싸고 던킨
도너츠보다 맛있는 커피"라고 자신의 브랜드를 설명한다. 이를
실현하기 위해 1시간에 700잔의 커피를 만들 수 있는 스위스

제 에스프레소 머신을 도입했다. 숙련된 바리스타가 1시간 동안 최대 80~90잔의 커피를 만드는 것에 비하면 엄청난 효율성이었다. (뉴욕 바리스타 1명의 연봉이면 에스프레소 머신 1대를 살 수 있다고 한다.) 그리고 멋진 곳이 아니라 임대료가 싼 곳에 매장을 내고 인테리어는 최소화했다. 이들은 자신을 커피 기업이 아니라 '테크 기업'이라고 정의한다. 다른 브랜드가 선점하지 않은 DNA로 빠르게 성장하고 있다.

미쉐린 스타를 딴 레스토랑이 그리 낯설지 않은 요즘, 그중 특히 눈에 띄는 '밍글스'라는 레스토랑의 이야기를 해보자. 2023년 기준 미쉐린 2스타 레스토랑일 뿐 아니라 세계 100대 레스토랑에 선정된 유일한 한국의 식당이다. 미쉐린 3스타 레스토랑이 2곳이나 있는 서울에서 '밍글스'가 더욱 주목받는 이유는 한식을 기반으로 서로 다른 것들을 조화롭게 어우르고 있다(mingle)는 점 때문이다. 이 식당에서의 '조화롭게 어우르는' 경험은 음식만으로 끝나지 않는다. 한국의 문화적 감성을 느낄 수 있는 기물들과 다양한 전통주가 '조화롭게 어우르는' 일을 함께 해내고 있다. 물론 미쉐린 스타를 획득한 다른 레스토랑들도 뛰어난 음식과 분위기를 제공하고 있지만, '어떤 음식을 하는 곳'인가라는 질문에 대해서 이 정도로 구체적인 DNA를 이야기할 수 있는 곳이 있을까 싶다.

브랜드가 DNA를 갖는다는 것은 소비자나 고객의 입장에서 보면 '내 삶에 그 브랜드를 끌어들일 이유'가 된다. 세상은 빠른 속도로 다변화하고, 이에 따라 삶의 형태는 다양해지고 점점 촘촘하게 나누어진다. 그러다 보니 '이유'라는 것 역시 구체적이거나 대체 불가의 것이 되어야 '내 삶'과 '그 브랜드'를 연결시킬 가능성이 높아진다. 가능한 한 넓고 규모가 큰 시장을 독점함으로써 매출을 극대화하고 사업을 확장시키는 성장 패러다임의 관점으로 본다면, 이러한 주장은 비어 있는 작은 시장으로 파고들어 가는 '틈새시장 전략'으로 비춰질 수도 있을 것이다.

하지만 이제 브랜드에게 자신만의 틈새를 찾는 일은 선택이 아니라 필수이다. 코카콜라, 나이키, 스타벅스, 아이폰 등과 같이 시장 전체를 주도하는 브랜드가 최근에 탄생했다는 뉴스를 들어본 적이 있는가? 구체적인 DNA를 가진 다양한 브랜드들이 우리의 소비 생활을 구성하는 시대에 살고 있기 때문에 그런 DNA가 없는 제품이나 서비스는 브랜드가 되기 어려운 세상임을 잊지 말아야 할 것이다.

소비자는 라이프스타일 속에서 의미가 되는

브랜드와 관계를 맺는다.

당신 브랜드의 DNA는 그 의미가 될 수 있는가?

펩시콜라

블랭크 스트리트 커피

제품력만이 핵심 가치가
되는 것은 아니다

04

Q.

"원재료만큼은 누구보다 좋은 것을 쓴다고 자부합니다. 국내산 곡물을 엄선해서 곡물 가루를 만들고, 그 안에 어떤 첨가물도 넣지 않은 곡물 음료를 만들고 있습니다. 먹어보면 확실히 다르다는 걸 느낄 수 있습니다. 이런 경우 어떻게 차별화된 브랜드의 DNA를 정의할 수 있을까요?"

제품이나 서비스가 가지고 있는 특장점이 브랜드의 핵심 가치가 된다는 것은 당연한 이야기처럼 들리지만 생각만큼 당연한 일이 아니다. 만약 그렇게 될 수만 있다면 시장의 판도를 바꿀 수 있는 가능성이 크다. 우리가 잘 알고 있는 대표적인 사례가 '하이트 맥주'이다. '지하 150m 천연 암반수'라는 제품 특장점 하나로 1등 브랜드의 자리에 올라섰다. 너무 오래되어 기억에서 사라졌겠지만, 하이트 맥주의 전신인 크라운 맥주는 1등 브랜드인 오비 맥주의 아성을 넘지 못했던 만년 2등 브랜드였다. 하지만 이런 일은 쉽게 일어나지 않는다. 두 가지 이유 때문이다. 첫 번째는 기술의 상향 평준화로 인해 제품이나 서비스가 보유한 기술적 장점은 소비자가 체감할 만한 차이를 제공하기 점점 어려워지고 있다. 두 번째, 제품이나 서비스가 내세우려는 특장점이 소비자가 공감할 만한 효익이 되지 못하기 때문이다.

자동차가 지금처럼 안전을 위한 기술을 갖추지 못했던 시절, 세계 최초로 3점식 안전벨트를 개발했던 볼보는 '안전'을 브랜드의 DNA로 삼아 성공적인 브랜드가 되었다. 하지만 자동차의 안전이라는 것이 너무나 당연한 필요조건이 된 시대에 볼보는 한동안 갈 길을 잃었었다. 지금의 볼보는 더 이상 안전을 브랜드의 DNA로 주장하지 않는 대신 타깃의 라이프스타일 속으로 들어가려는 시도를 하고 있다.

그렇다면 반대 방향에서 질문을 던져보자. 제품이나 서비스의 기술적 우위점은 브랜드의 DNA로 쓰일 수 없다는 말인가? 그렇지는 않다. 여전히 특별한 노하우나 개인적인 능력은 브랜드의 존재 이유가 될 수 있으며, 특정 그룹의 소비자가 좋아할 만한 장점이 존재한다면 세분화된 시장에서 충분히 의미가 있을 수 있다.

수없이 많은 베이커리 브랜드가 경쟁하고 있는 시대에 '빵이 맛있다.'는 사실이 브랜드의 DNA가 되고 있는 '코끼리 베이글'의 사례가 여기에 해당한다. '화덕에 구운 쫄깃한 식감'이 이 브랜드의 핵심 가치다. 이름난 다른 곳의 베이글을 먹어봤지만 호불호를 떠나 맛의 차이가 확실하게 느껴진다. 이곳의 베이글은 소금을 빼고 달걀이 들어간 반죽을 꿀물이나 설탕물에 데친 후 화덕에 굽는 캐나다 몬트리올식이라고 한다. (우리에게 좀 더 익숙한 스타일의 베이글은 달걀을 넣지 않은 반죽을 오븐에 굽는 뉴욕식이다.) 오전 여덟 시 반에 문을 여는데, 오전이면 인기 품목은 매진이 되기 일쑤이다.

이와는 반대로 반드시 제품력을 브랜드의 DNA로 내세우지 않아도 성공할 수 있다는 것을 잘 보여주는 브랜드가 있다. 평일에도 웨이팅이 기본인 핫 플레이스 중 하나인 '런던 베이글 뮤지엄'의 이야기이다. 코끼리 베이글의 매장은 베이글을 굽는 화덕 이외에 인테리어라고 할 것이 없는 평범한 모습인 데 반해, 이곳의 인테리어는 한 마디로 '런던 감성'이다. 이곳의 베이글도 코끼리 베이글 이상으로 다양하고 맛있지만, 많은 사람들이 이곳을 찾는 이유는 맛있는 베이글을 '런던에서 먹는 기분'을 즐기기 위해서라고 할 수 있다. 영국풍의 다양한 소품들에 둘러싸여 베이글과 양송이 수프를 브런치로 즐기면서 잠시 런던에 여행 온 듯한 기분을 느끼는 것이다.

코끼리 베이글의 경우처럼 다른 제품과 확연하게 구분되는 특장점을 가지고 그것이 소비자가 체감할 만한 혜택이 된다면 그 자체가 브랜드의 DNA가 될 수 있다. 하지만 이런 경우 '확연하게'가 과연 객관적 판단인지, 제품상의 특장점이 지속적으로 유효할 수 있는 것인지에 대해 신중하게 생각해야 한다. 단순히 '제품은 정말 좋은데'라는 주장은 브랜드 핵심 가치를 만드는 필요조건 정도로 생각하는 것이 좋다. 그것 이외에 다른 브랜드 대신 자신의 브랜드를 선택하게끔 할 수 있는 보다 구체적인 이유를 만드는 것이 중요하다.

브랜드의 핵심 가치나 DNA라는 것은 소비자가 자신의 삶 속으로 그 브랜드를 들이는 이유이다. 그렇기 때문에 그 이유가 '맛있어서', '멋있어서' 등과 같이 포괄적이고 일반적인 것이 되면 기존에 그 자리를 차지하고 있던 경쟁 브랜드를 대신하게 될 가능성이 낮다. 이미 멋진 파트너가 있는 이성에게 '나도 멋있는데' 정도의 이유로 접근하는 셈이다. 브랜드의 핵심 가치는 나의 특장점만을 강조해서 성립되는 것이 아니다. 그것을 받아들이는 상대방, 즉 소비자와의 관계 속에서 어떤 특장점, 또는 특장점의 어떤 부분이 연결 고리로 작동할 것인지 파악해야 한다.

2022년, 대구은행이 모체가 된 DGB 금융그룹의 브랜드 컨설팅을 진행했다. 기업의 규모로 보자면 작은 브랜드라고 하기 어렵지만 하나, 우리, KB 금융그룹 등과 비교해 볼 때 상대적으로 작은 브랜드이고, 서비스나 상품 면에서 경쟁적 우위점을 새롭게 만들어내기 어려운 금융업이다 보니 이 브랜드만의 핵심 가치를 찾는 일은 쉽지 않았다. 약 석 달에 걸쳐 수차례의 워크숍과 계열사 CEO 인터뷰, 직원 대상 설문 조사 등을 진행했다. 프로젝트 착수 초기부터 걱정했던 것처럼 딱히 '이것이다'라고 할 만한 특징을 찾기 어려웠다. 그런데 3개월을 돌아보니 재미있는 현상들이 하나의 줄기로 꿰어졌다. 이 모든 과정에 적극적이고 진지한 모습으로 임하는 임직원들의 태도는 다른 금융 관련 기업들은 물론이고, 지금껏 진행해 왔던 어떤 기업의 경우와 비교해 봐도 눈에 띄게 달랐다. 일례로 의무가 아니었던 직원 대상 설문 조사의 참여율은 20% 이상이었다. 그리고 응답의 내용도 과거의 보수성이나 지역성에서 탈피하는 것이 중요하다는 쪽으로 모아져 있었다.

모두가 변화를 원하고 있었고, 보수적인 금융업계의 분위기를 감안한다면 파격적이라 할 만큼 변화 수용성도 컸다. 그러한 태도적 DNA를 어떻게 고객이나 시장의 변화에 접목시켜 DGB라는 브랜드만의 핵심 가치를 찾을 것인가 고민했다. 단순히 돈을 더 많이 벌어 '잘사는' 것이 아니라 자신이 꿈꾸는 대로 '잘 살기'를 원하는 가치관의 변화와 그에 따른 금융의 역할 변화에 주목했다. 금융이 지금까지의 경계를 넘어 새로운 영역으로 넘어갈 수 있는 때가 되었다고 판단했고, 그것을 DGB 조직원들의 변화 욕구와 결합했다.

DGB의 핵심 가치를 'Boundless(탈경계성)'로 규정하고, 'Go Beyond'라는 브랜드 슬로건을 만들었다. 그리고 2023년부터 'DGB는 뒤집습니다'라는 내부 캠페인을 시작했다. 조직 문화부터 시작해서 금융 서비스를 위한 지금까지의 생각과 방법을 뒤집는 일을 벌여 나갔다. 이 캠페인이 완성되었을 때, DGB를 가장 큰 금융 브랜드는 아니지만 금융의 경계를 뛰어넘는 아이디어와 서비스를 제공하는 금융 브랜드로 만드는 것을 목표로 다양한 일들을 해가고 있다.

제품이나 서비스가 주장하고 싶은 특장점이 아니라, 소비자가 느낄 수 있는 효익이 브랜드의 핵심 가치가 되어야 한다.

런던 베이글 뮤지엄

코끼리 베이글

본질과 소비자가 만나는 곳에서
브랜드가 탄생한다

Q.

"다른 생수 브랜드에 OEM으로 납품하면서 성장해 왔습니다. 물의 품질에는 자신이 있기 때문에 그동안의 노하우를 바탕으로 독자 브랜드를 만들고 싶습니다. 막상 시작하려고 하니 무엇부터 해야 할지 막막합니다. 지인 중에 디자이너가 있어서 그분께 브랜드 네이밍과 패키지 디자인부터 의뢰하려고 하는데, 그렇게 시작하면 되는 것인지…."

브랜드는 사람처럼 생로병사의 과정을 거친다. 태어나서 성장하다가 병들기도 하고, 그러다 어느 순간 시장에서 사라지는 사이클을 겪는 것이 사람의 일생과 크게 다르지 않다. 단지 하나 다른 점은 노력 여하에 따라 통제와 조절이 비교적 가능하다는 것이다. 브랜드가 태어난다는 것은 한 아이가 태어나는 것과 같다. 아이는 부모의 DNA를 물려받기는 하지만 부모의 바람 그대로 태어나주지는 않는다. 하지만 브랜드는 그것이 어느 정도 가능하다.

큰 브랜드를 중심으로 한 마케팅의 시대에는 이런 과정들이 지나치게 인위적으로 진행됐었다. 특별한 DNA 없이도 시장의 상황이나 그에 따른 아이디어만으로도 브랜드를 탄생시킬 수 있었다. 그리고 한번 태어난 브랜드를 다른 성격을 가진 브랜드로 변화시키기도 했다. 지금도 이런 작업이 불가능하지 않지만 소비자에게는 더 이상 잘 받아들여지지 않는 것 같다. 인터넷을 통한 정보의 무한 공유 시대에 실체적 본질이 없는 공허한 포지셔닝이나 기획된 콘셉트는 효력을 상실하고 있다.

위에서 질문한 사례를 중심으로 다시 설명해 보자. 마케팅의 시대에는 'OEM으로 납품하면서 성장', 또는 '물의 품질에는 자신 있는'과 같은 전제가 크게 중요하지 않았다. 생수를 전혀 생산한 경험이 없는 대기업의 상품기획팀에 새로운 프로젝트가 떨어지면서 한 아이의 탄생이 준비되기 시작한다. 시장 상황을 조사하고 연구해, 어떤 특성을 가진 생수를 만들면 시장성이 있는지 제품 개발 기획서를 만들어 최고 의사 결정자의 재가를 받으면 그런 제품을 생산할 수 있는 공장을 찾아 생산을 의뢰하고, 제품 콘셉트에 맞는 네이밍, 패키지 그리고 광고 캠페인을 준비한다. 그렇게 한 아이가 탄생했다.

지금은 상황이 많이 달라졌다. 광고로 설득되는 소비자의 숫자는 점점 줄고, 스스로 정보를 탐색하고 공유함으로써 제품에 대한 판단을 내리는 소비자의 비중이 늘고 있다. 그렇기 때문에 제품이나 서비스의 본질이 바탕이 되지 않은 채 멋진 브랜드 콘셉트나 유명 모델을 활용한 광고 캠페인만으로 소비자의 인식을 형성하는 일이 예전처럼 되지 않고 있는 것이다.

질문에 나온 생수처럼 품질이나 제조 노하우에 대한 자신감이 있는 제품이 성공할 가능성이 커지고 있다. 문제는 그 제품력을 어떤 모습의 브랜드로, 어떻게 만들어갈 것인가이다. 즉, 좋은 DNA를 갖고 태어난 아이를 어떤 사람으로 어떻게 성장시킬 것인가에 대한 청사진을 만들어야 한다. 그것을 위해 가장 중요한 것은 제품이 가진 특성과 현재 소비자가 원하는 것 사이의 연결 고리를 찾는 일이다. 생수라는 제품군이 현재 소비자의 삶 속에서 어떤 의미를 갖는지 파악해야 한다. 이를 위해서는 시장을 보는 통찰력이 중요하다. 일단 가능한 한 많은 2차 자료를 수집하거나, 직접 소비자 조사를 하는 등 판단을 위한 객관적인 데이터를 모으고 분석하는 일이 필요한데, 그보다 더 중요한 것은 데이터의 이면을 읽는 능력, 즉 통찰력이다. 시간의 흐름에 따라 같은 제품이나 서비스가 소비자의 라이프스타일 속에서 담당하는 역할과 중요성이 달라지게 되는데, 그런 변화를 알아차려 제품이나 서비스가 가지고 있는 본질과 연결시키는 작업을 하기 위해서는 통찰력이 필수적이다.

지금은 흔한 물건이 되었지만, 1998년 최초의 양문형 냉장고,

디오스가 출시되었다. 이 제품의 론칭 캠페인 기획을 담당했었다. 본격적인 국산 양문형 냉장고 시대의 문을 연 제품이었기 때문에 어찌 보면 브랜드의 핵심 메시지나 캠페인의 방향성을 설정하는 일이 그렇게 어려워 보이지 않았다. 하지만 생각보다 만만한 작업이 아니었다. 시장에는 미국 제품을 중심으로 몇몇의 양문형 수입 냉장고 브랜드가 이미 자리 잡고 있었다. 당시만 해도 미국이나 유럽 제품의 기술력이 우세하다는 소비자 인식이 있던 시기라 그것을 어떻게 극복할 것인가가 캠페인 기획의 핵심이었다.

소비자 조사 자료를 검토했지만 별다른 시사점을 찾지 못했다. '한국 최초 양문형 냉장고 탄생' 정도의 광고 카피를 쓸 수밖에 없는 상황이었다. 수입산 양문형 냉장고를 사용하고 있는 사람들을 만나 그들의 목소리를 듣자 흥미로운 인사이트를 찾아낼 수 있었다. 수입 대형 냉장고의 진동 소음에 대한 불만이 그것이었다. 소음의 관점에서 디오스라는 제품을 다시 들여다보았다. 수입산 대형 냉장고 대비 소음 측면에서 충분히 강점이 있었다. 소비자 조사만 들여다봐서는 찾아내기 힘든 부분이었다. 이런 과정을 통해 태어난 광고 카피가 "자장자장, 디오스"였다. 이 메시지는 최초의 한국산 양문 냉장고를 시장에 진입시키는 데 결정적인 역할을 했다. 여러분이 지금 알고 있는 '디오스'라는 브랜드의 시작이었다.

다시 생수의 사례로 돌아가보자. 수십 개의 브랜드가 경쟁하고 있는, 게다가 삼다수나 백산수와 같은 빅 브랜드가 시장의 상당 부분을 점유하고 있는 상황에서 새로운 생수 브랜드를 시장에 론칭한다는 것은 정말 어려운 일이다. 생수 시장에서 자신만을 위한 새로운 자리를 만들기 쉽지 않다. 물의 품질은 좋은 브랜드가 되기 위한 필요조건일 뿐이다. 지금 시대의 소비자들은 생수로부터 무엇을 원하고 있을까? 일단 시장 전체를 만족시키겠다는 생각은 버리는 것이 좋다. 작은 브랜드, 특히 신규 브랜드는 큰 브랜드가 만족시켜 주지 못하고 있거나, 새롭게 생겨나고 있는 니즈를 충족시키는 역할을 하는 것이 현명한 전략이다.

개인적인 경험을 바탕으로 한 사례를 하나 소개하고자 한다. 어느 날 방문한 레스토랑에서 눈에 띄는 디자인의 병에 담긴 생수를 발견했다. 뉴질랜드에서 생산되는 'Nakd(네이키드로 읽는 듯하다.)'라는 브랜드였다. 세련된 곡선의 디자인을 가진 유리병에 마음을 빼앗겼다. 물맛도 고급스럽게 느껴졌다. 그들은 스스로를 'Luxury Artesian Water'라고 정의한다. 물론 모든 소비자가 이 브랜드를 좋아할 수는 없다. 누군가는 가격을 보고 미쳤다고 할 수도 있다. 하지만 비슷비슷하게 생긴 생수를 말장난 같은 카피 하나로 시장에서 성공시키겠다는 발상보다는 훨씬 실효성이 있는 전략이라고 생각한다.

아이디어와 말로만 새로운 브랜드를 만들 수 있는 시대가 아니다. 소비자의 니즈와 연결되는 차별화된 실체만이 남다른 아이를 탄생시킬 수 있다.

실체가 뛰어난 모든 제품이 브랜드가 되는 것은 아니다.
그 실체를 소비자와 연결하는 통찰력이 브랜드를 만든다.

네이키드

만든 사람이 아니라
쓰는 사람의 관점에서 보라

Q.

"조그만 플랜테리어 회사를 운영하고 있습니다. 식물에 대한 애정이나 지식 측면에서 누구에게도 뒤지지 않는다고 생각합니다. 10년 전 처음 시작했을 때만 하더라도 기존의 화원에 비해 식물의 종류나 수형, 화분 같은 것을 차별화해서 꽤 인기가 있었습니다. 하지만 경쟁자가 엄청나게 늘어난 요즘, 무인가 변화를 시도하지 않으면 안 되겠다는 위기감이 강하게 듭니다. 무슨 일부터 시작해야 하는지요?"

자신이 좋아하는 것에 진심을 담아 비즈니스를 하시는 분들을 만나면, 자신의 제품이나 서비스에 대한 강한 자긍심을 느낄 수 있다. '내가 좋아하는 것을 남과 공유하기' 위한 노력과 그 결과로 만들어낸 브랜드에 대한 애정이 상대방에게도 전해지는 것이다. 그런데 문제는 시장의 무게 중심이 생산자에서 소비자 쪽으로 점점 옮겨 가고 있다는 점이다. 경쟁자는 점점 늘어나고 소비자나 고객의 니즈는 세분화하고 전문화하여 간다. 단순히 '내 제품은 정말 좋은데'라는 주장만으로는 경쟁에서 살아남기 어려워지고 있다는 뜻이다.

* 여기서 잠시 다른 이야기를 하고 넘어가야 할 것 같다. 마케팅을 오래 한 전문가들도 '소비자'와 '고객'이라는 단어를 구분하지 않고 쓰는 경우를 가끔 보는데, 그 차이를 물어보면 제대로 된 답을 못 하기도 한다. 소비자는 영어의 consumer를 번역한 단어이고, 고객은 customer의 번역이다. 'consume'이라는 단어에서 'sume'은 써버린다는 뜻을 가진 어근이다. 함께 써버리는 것이 'consume'이니 써서 없어지는 것을 구매하고 사용하는 사람을 소비자라고 부르는 것이 옳다. 반면 'custom'이라는 단어는 관습, 습관처럼 반복적으로 일어나는 일을 의미한다. 그러니 'customer'는 주기적으로 찾아주는 사람, 고객이라는 뜻이 된다. 소비재를 주기적으로 이용하는 사람을 고객이라 부르지 못할 것은 없으나, 주기적으로 점포를 방문하거나 서비스를 이용하는 사람을 고객이라 부르는 편이 적합할 것이다.

자신의 제품이나 서비스에 대한 자긍심이나 애정은 좋은 브랜드가 되기 위한 필요조건의 수준에서 그치는 것이 좋다. 홈페이지나 SNS에서 제품이나 서비스의 핵심 메시지를 생산자의 관점에서 써놓은 경우를 종종 보게 된다. '20년 장인의 손길이 탄생시킨', '예술의 경지로 승화시킨', '최고의 재료로 만들어진'

과 같은 것들이다. 실제 그렇다 하더라도 그런 사실만으로 요즘 소비자나 고객의 마음을 움직이기 힘들다. 좋은 재료로 장인 정신을 발휘하여 제품을 만든 당사자 입장에서는 이런 메시지를 쓸 수 없는 상황이 억울할 수도 있다. 그러나 혼자만 잘난 경우에는 그 사실을 알리는 것만으로도 브랜드의 존재 이유가 될 수도 있지만, 잘난 제품과 서비스가 넘쳐나는 세상에서는 상투적인 수식어로 들릴 수밖에 없다.

그보다는 자신의 브랜드가 소비자나 고객의 삶 속에서 어떤 긍정적 역할을 할 수 있을지에 대해 이야기하는 것이 좋다. '내가 이렇게 잘났다.'고 말하기보다 '당신의 삶 속에서 나는 이런 의미가 된다.'고 말하는 것이 훨씬 효과적이다.

스포츠 브랜드의 양대 산맥인 나이키와 아디다스의 슬로건을 보라. 하나는 'Just Do It'이고 또 하나는 'Impossible is nothing'이다. 운동하는 사람이라면 누구든지 추구하는 스포츠 정신을 외치고 있다. 자신의 이야기는 한 마디도 없다. 이런 소비자 관점의 브랜드 메시지를 광고주에게 제안했을 때 "그런 말은 내가 아니라 다른 브랜드가 해도 되는 보편적 가치 아닌가요?"라는 질문을 받게 된다. 그렇게 생각할 수 있다. 하지만 사람의 관계로 치환해 보면 그렇지 않다는 것을 쉽게 알 수 있다. 친구가 되었건 연인이 되었건, 당신 앞에서 자기 자랑만 늘어놓는 사람과 당신이 바라는 관계의 핵심 가치를 중요하게 여기는 사람 중 누굴 선택할 가능성이 높은가?

생산자의 관점이 아니라 소비자의 관점으로 비즈니스를 바라보는 것이 중요하다. 세계 전자 기타 시장의 양대 산맥인 깁슨과 펜더라는 두 브랜드가 어떻게 다른 길을 걸었는지 살펴보자. 2000년대 들어오면서 전자 기타 업계는 급격한 판매 감소로 위기를 맞는다. 실제로 깁슨은 2018년 파산 직전까지 몰리기도 했다. 반면 펜더는 깁슨과는 다른 길을 걸었다. 펜더가 2015년 실시한 소비자 조사 결과, 펜더 전자 기타 매출의 50% 이상은 초보자들로부터 나오고, 초보자들의 90%가 석 달 안에 기타 배우기를 그만둔다는 사실을 알게 되었다. 펜더는 전자 기타 제조 기업에서 기타 초보자들이 기타를 쉽고 재미있게 배워서 오랫동안 기타를 즐길 수 있도록 도와주는 디지털 기업으로의 변화를 시도했다. 2017년 7월 구독형 기타 레슨 플랫폼인 '펜더 플레이'를 론칭했다. 펜더 플레이에서는 매달 9.99달러만 내면 수백 개의 기타 레슨 영상을 볼 수 있다. 기존의 고가 기타 라인을 유지하면서 여성 초보자들을 위한 화려한 디자인의 저가 모델도 출시했다. 앱 사용자는 100만 명 이상으로 늘었고,

기타 매출도 2020년 7억 달러를 넘어 사상 최고치를 경신했다.

전문성을 바탕으로 하면서 소비자의 관점에서 비즈니스를 펼치고 있는 브랜드 중 하나가 '나무사이로'라고 생각한다. '나무사이로'는 2002년 서울 신림동에 문을 연 작은 카페였는데, 지금은 다양한 종류의 커피 생두를 직접 로스팅해 10여 종류의 원두는 물론이고 커피를 직접 내릴 수 없는 사람들을 위한 드립백, 콜드브루, 캡슐 등을 판매하는 브랜드로 성장했다. (광화문과 분당에 카페가 있다.) 일단 전문성의 측면에서 보면, 2003년 직접 로스팅을 시작했고, 2007년부터 생두를 직접 수입했으니 이 분야에서는 선도자라 할 만하다. 그뿐만 아니라 양질의 생두를 선별해 로스팅한 결과 해외 매체로부터도 주목을 받기 시작해 세계적으로 권위 있는 커피 가이드인 '커피리뷰'로부터 2015년 1등을 받기도 했다. 이 정도의 전문성을 가진 로스터리 카페라면 공급자 중심의 까다로운 기준과 원칙을 가지고 브랜드에 대한 인식을 만들어갔을 법하다.

하지만 '나무사이로'는 조금 다른 접근법으로 대중에게 다가갔다. 2016년 커피를 정기적으로 배달 받을 수 있는 '집으로 회사로'라는 서비스를 시작했다. 현재 판매하고 있는 커피 원두의 이름도 어려운 지역명이나 생산자명 대신 '디카프리오(디카페인 커피), 와이칸, 브릴리, 몽상스, 날아올라' 등 소비자들이 쉽게 기억하고 접근할 수 있는 이름을 사용하고 있다. '나무사이로'라는 브랜드명도 친근감을 배가시키는 요소 중 하나이다. (김활성 시인의 시 '길'의 한 구절에서 따왔다 한다.)

'나무사이로'가 소비자의 관점에서 브랜드를 운영하고 있음을 잘 보여주는 것 중 하나가 드립백이다. 커피를 직접 내려 마셔야 한다는 일종의 강박을 가진 소비자의 한 사람으로서 일회용 드립백은 썩 멋진 방법이 아니라고 생각해 왔는데, '나무사이로'의 드립백을 마셔보고 생각이 바뀌었다. 제대로 내리지 못한 핸드드립 커피보다 훨씬 커피 맛을 잘 표현한다.

소비자의 편의성을 위해 이런 시도를 한다는 것은 전문성을 지키고 싶은 생산자로서 썩 쉬운 일은 아니었을 것이다. 제품의 전문성은 브랜드를 만들기 위한 필요조건으로 삼고, 그것을 즐기는 소비자의 관점에서 브랜드를 잘 운영하고 있는 사례이다.

———————

**내가 잘하는 일을 뽐내는 것이 아니라,
소비자 그것을 좋아하게 만드는 브랜드가 사랑받는다.**

Fender PLAY

SIGN IN   START FOR FREE

I Want to Play
ELECTRIC

펜더

나무사이로

핵심 가치는 진화되어야 한다

07

Q.

"지방 도시에서 오래된 호텔을 물려받아 운영하고 있습니다. 지역적 특성 때문에 여행객이 꽤 있는 편이어서 운영이 그리 어렵지 않았는데, 최근 몇 년 사이 주변에 세련된 펜션이나 게스트하우스가 생기면서부터 손님이 부쩍 줄었습니다. 아버지가 어렵게 일궈 놓은 사업을 유지해 가고 싶은데 마땅한 방법이 보이질 않습니다."

브랜드를 만들어가는 과정에서 '일관성'은 정말 중요한 요소이다. 핵심 가치의 깃발 아래 한길을 걷는 것이 브랜딩의 기본이다. 하지만 일관성을 '그 자리에 그대로 가만히 있으라.'는 뜻으로 받아들여서는 곤란하다. 브랜딩에서의 일관성이란 항구에 정박해 있는 배가 되라는 뜻이 아니라, 강물의 흐름에 맞춰 한 방향으로 항해하는 배가 되라는 의미이다. 환경의 변화에 흔들리거나 다른 길로 새지 않고 앞으로 가는 방법을 끊임없이 고민해야 하는 것이 브랜드의 숙명이다. 변하지 말아야 할 것이 변하는 것도 문제이지만, 앞으로 나아가야 하는데 나아가지 못하는 것도 일관성의 원칙에 위배되는 것이다.

일본 도쿄의 번화가인 긴자에 가면 '아코메야'라는 쌀가게가 있다. 일본 각지에서 생산되는 쌀을 소비자가 도정 단계까지 선택해서 구매할 수 있는 곳이다. 그뿐만 아니라 쌀을 주식으로 하는 일본인들의 식문화에 필요한 다양한 그릇과 조리 도구 등을 판매한다. 땅값 비싸기로 유명한 긴자 한복판에 위치한 이 쌀가게에 많은 사람들이 방문해서 쌀과 다양한 라이프스타일 제품을 구매한다. 긴자 본점의 성공으로 몇 곳의 분점이 생겨나기도 했다. 쌀 소비가 점점 줄어들고 있는 21세기 일본에서 아코메야의 존재가 의미하는 것은 무엇일까?

쌀이 주식인 우리나라에서도 1980년대까지 동네마다 쌀가게가 있었다. 경제적으로 여유가 있는 집들은 쌀을 가마 단위로 구입해 먹었고, 쌀을 장기 보관하는 쌀통이 집집마다 있었다. 이런 쌀 소비 문화는 쌀 소비의 감소와 유통의 현대화 등으로 큰 변화를 겪게 되었고, 결국 쌀가게는 사라져갔다. 그 기능을 상실한 것이다.

일본도 같은 과정을 겪었고, 기능을 상실한 쌀집을 새로운 문화적 코드로 만든 것이 바로 아코메야이다. 코메야는 일본어로 쌀가게라는 뜻이다. 그 앞에 'A'를 붙여 아코메야라는 이름을 만들었다. 이름에 대한 몇 가지 해석이 가능하지만, 지금까지 알고 있던 쌀가게를 쌀과 관련된 라이프스타일 스토어라는 새로운 개념으로 진화시켰다는 의미로 받아들이면 될 듯하다.

오래된 작은 브랜드가 갖고 있는 문제 중 하나가 존재감의 약화이다. 시대의 변화에 따라 소비자의 욕구와 취향이 변화하거나, 기술의 발전에 따라 더 편리하고 효율적인 대안이 등장하면서 지금까지 해왔던 역할이 수명을 다하게 되는 상황을 맞게된다. 동네마다 있던 전파사나 철물점 등은 더 전문적인 서비스를 제공하는 다른 업에 그 기능을 넘겨주었고, 약속의 좌표로 활용되던 다방은 카페의 등장으로 그 모습을 찾아보기 어렵게 되었다. 스마트폰 속 카메라 탓에 동네 사진관이나 24시간 현상소는 그 쓸모를 다한 지 꽤 되었다.

이는 단순히 작은 브랜드만의 문제는 아니다. 예전 학생들의 필수품이었던 연필은 샤프펜슬이라 통칭되는 필기구에 그 자리를 빼앗긴 지 수십 년이 되었으며, 에디슨의 발명품인 백열전구는 LED 조명에 자리를 내주었다.

이렇게 업이 가지고 있는 기능이나 역할이 그 수명을 다했을 때, 브랜드는 어떤 선택을 해야 할까? 과거의 업을 과감하게 포기하고 새롭게 변화된 기능으로 업의 본질을 전환하는 방법이 가장 먼저 떠오를 것이다. 그것이 가능한 경우에는 그렇게 해야 한다. 하지만 연필을 만들던 기업이 샤프펜슬을 만드는 기업으로 전환하는 것이 쉬운 일이 아닌 것처럼 업의 본질 자체가 다를 수 있기 때문에 만만한 일이 아니다. 자신이 잘할 수 있는 본질을 유지한 채로 할 수 있는 방법을 생각하는 것이 현실적이다.

19세기 카메라의 등장으로 가장 큰 타격을 받은 것은 사실주의에 입각한 미술이었다. 아무리 정교히게 그려도 카메라의 실물 재현을 따라갈 수 없는 그림은 그 자리를 카메라에게 내주었다. 이런 현실을 냉정하게 받아들이고 미술의 근본적인 기능을 다시 생각한 화가가 폴 세잔이었다. 그림의 기능을 '재현'에서 대상에 대한 감정이나 생각을 나타내는 '표현'으로 다시 정의했다. 이런 변화는 19세기 근대 미술과 20세기 현대 미술의 사조에 큰 변화를 주었고, 미술이 가지고 있는 문화적 영역을 오히려 더 넓혀가는 계기가 되었다.

수명을 다한 기술은 예술이 될 수 있다. 업의 본질을 그대로 유지한 채 단순한 기능성에서 탈피하여 한 차원 높은 단계로 승화시키는 시도가 가능하다. 물론 모든 종류의 제품이나 서비스에 해당되는 이야기는 아닐 수 있다. 하지만 고정 관념의 틀에서 벗어나면 길이 보일 수 있다. 다음의 사례를 참고해 보자.

1887년 경복궁에서 첫선을 보인 백열전구는 127년 만에 시장에서 퇴출되었다. 2014년부터 전력 소비가 심한 가정용 백열 전구의 생산과 수입이 전면 금지된 것이다. 당시 국내에 남아 있던 단 하나의 백열전구 생산업체, 일광전구는 어떤 선택을 했을까? 백열전구의 기능을 가정용 조명에서 인테리어용 소품 으로 바꾸는 결정을 했다. 전구에 디자인이라는 DNA를 이식 했다. 전구의 디자인은 물론이고 패키지, CI 등을 바꾸며 전구 생산 기업에서 디자인 기업으로 변화했다. 일광전구의 클래식 전구 패키지는 전구 회사로는 세계 최초로 일본 굿디자인 어워 드에서 수상하기도 했다. 일광전구는 다양한 디자인의 인테리 어용 백열전구 이외에도 스노우맨이나 프로그 등의 디자인 등 기구도 생산하고 있다. 일광전구는 백열전구 퇴출의 주원인이 된 버려지는 95%의 열에너지를 '삶에 온기를 주는 빛'이라는 새로운 개념으로 부활시켰다.

지방 도시의 오래된 호텔의 사례로 돌아가보자. 여러분이 브랜 드 컨설턴트라면 어떤 조언을 하겠는가? 다양한 아이디어가 떠오를 수 있다. 이런 방법은 어떨까? '그 도시의 오래된' 호텔 이 가질 수 있는 본질적인 장점이 무엇일까 생각해 보자. 오랜 시간 존재해 왔다면 그 도시에 존재하는 다양한 로컬 문화 자 산과의 연계 가능성 면에서 강점이 있지 않을까? 그리고 요즘 여행의 목적은 단순한 관광이 아니라 그 지역의 삶을 체험하면서 머무는 것으로 변화하고 있지 않은가? 그렇다면 호텔의 단순한 숙박 개념에서 벗어나 그 지역의 다양한 문화를 경험할 수 있는 허브로 그 역할을 업그레이드해 보는 것은 어떨까?

존재의 이유가 약해지는 순간이 오면

과감하게 앞으로 나아가라.

시대의 흐름에 맞춰 브랜드의 핵심 가치를 업그레이드하라.

일광전구

'나의 경험'이 가장 좋은 재료이다

Q.

"개인적으로 10년 이상 베지테리언 식생활을 유지해 오면서 다양한 레시피를 개발하고, 직접 요리를 하다 보니 이 정도면 상품화해도 괜찮겠다는 칭찬을 듣는 수준이 되었습니다. 제대로 된 채식주의 식당을 시작할까 진지하게 고민하고 있습니다. 어떤 것들을 중심으로 해야 할지, 식당 이름은 무엇으로 해야 할지, 어떻게 알려야 할지 능 설정해야 할 일이 한두 가지가 아니네요."

큰 브랜드의 마케팅 패러다임에서는 '내가 무엇을 잘할 수 있는가'보다 '소비자가 무엇을 원하고 있는가'가 더 중요했다. 이 말을 뒤집어 생각해 보면, 작은 브랜드가 성공하기 위해서는 소비자가 원하는 것에 맞추는 것보다 내가 잘하는 일에 집중하는 것이 중요한 포인트라 할 수 있다.

서울 압구정동 낡은 상가에 위치한 만두집이 있다. 상호도 그냥 '만두집'이다. 1981년에 문을 열었으니 노포의 반열에 올려놓아도 손색이 없는 집이다. 1990년쯤 이 가게를 처음 방문했을 때 이북 출신의 외할머니가 빚어 주셨던 만두의 맛과 너무 흡사한 만둣국을 먹고 묘한 감동을 느꼈던 기억이 생생하다.

주인장이 자신의 고향인 평양에서 해 먹던 만두의 레시피 그대로 만들어 전달한 것이 다른 손님들에게도 비슷한 감동으로 다가갔을 것이다. 음식은 추억을 파는 것이다. '내가 좋아했던 것, 내가 즐겨 먹던 것'을 다른 사람에게 전하는 행위이다. 장수하는 노포의 대부분이 이에 해당한다.

똑같은 원리는 다른 제품군에도 적용될 수 있다. '내가 좋아하는 것, 내가 즐기는 것'을 브랜드로 만들어 그대로 전하면 개인적으로 느꼈던 감동이나 즐거움이 고객에게 전이될 가능성이 커지는 법이다.

잠실 석촌호수 근처에 '플릿러너'라는 러닝화 전문 매장이 있다. 이들은 스스로를 '발 분석 러닝 전문점'이라고 정의한다. 단순히 러닝화를 판매하는 곳이 아니다. 발 분석은 예약제로, 방문한 고객은 30분 정도의 슈피팅 서비스 이후 적합한 러닝화를 추천받게 된다. 이 매장의 신승백 대표는 자신을 '달리는 슈피터Shoe-fitter'라 부르며, 각종 러닝화에 대한 분석 동영상을 유튜브를 통해 소개하고 있다. 러닝화에 대한 단순한 설명이나 분석이 아니다. 러닝화를 신고 본인이 직접 달려본 경험을 구독자들과 공유한다. 지금도 수많은 러너들이 신승백 대표의 경험을 사기 위해 이 작은 매장에 몰려든다.

플릿러너가 위치한 곳에서 그리 멀지 않은 곳에 'Bjorklunds(뷰클런즈)'라는 특이한 이름의 카페가 있다. 읽기 힘든 이 카페의 이름은 스웨덴어이다. 카페의 인테리어에서는 스웨덴 감성이 느껴지고, 스웨덴 원두로 만든 커피와 스웨덴식 쿠키를 판매한다. 이 밖에도 카페 창업자가 스웨덴에서 경험했던 것들이 이곳저곳에 녹아 있다. (참고로 뷰클런즈는 스웨덴의 커피 로스터 이름이다.) 자신의 특별한 경험을 고객들과 공유함으로써 송리단길 브랜드 중 하나로 이름을 올리고 있다.

퀴즈 프로그램에 종종 등장하는 지리 문제 중 하나가 '오스트레일리아의 수도는 어디인가?'이다. 시드니? 멜버른? 아니다. 캔버라이다. 그만큼 기억될 요소가 상대적으로 적은 도시라는 뜻이다. 최근 이곳을 디자인으로 유명하게 만든 브랜드가 있다. 미니멀한 디자인의 세라믹 키친웨어를 만드는 바이슨홈 Bisonhome의 이야기이다. 오스트레일리아와 디자인은 썩 익숙한 조합이 아님에도 불구하고, 바이슨홈은 캔버라를 사람들에게 알리는 디자인 브랜드로 떠오르고 있다. 바이슨홈은 한 마디로 이 브랜드를 만든 브라이언 턴크스Brian Tunks가 가진 경험의 총합체이다. 그는 젊은 시절 스웨덴에서 학교를 다니다 호주로 돌아와 호주국립대학교에서 역사와 고고학을 전공했다.

시리아 지역에서 유물 발굴 작업을 하다가 도기의 아름다움에 빠진 브라이언 턴크스는 그때부터 세라믹에 대해 공부하기 시작했다. 그렇게 바이슨홈은 1997년 캔버라에서 시작되었다. 바이슨은 들소라는 뜻으로 바이슨홈의 로고이다. 브라이언 턴크스가 역사를 공부하며 감명받았던 알타미라 동굴 벽화가 모티브가 되었다. 바이슨홈을 대표하는 작품 중 하나인 페이글 피처Fagel Pitcher의 디자인은 그가 스웨덴에 살면서 보았던 귀여운 새들의 모습을 형상화한 것이다. 또한 손잡이 없는 우유 저그는 어린 시절의 그에게 물건을 아끼던 할머니가 우유를 따라주시던 손잡이가 부러진 저그의 추억을 떠올리며 만든 것이다.

개인적 경험을 상품화하는 일은 아주 오래된 비즈니스의 뿌리라고 할 수 있다. 조금 과장해서 이야기하자면 물물교환의 시대까지 거슬러 올라갈 수도 있다. 그러던 것이 기업과 브랜드의 거대화 추세에 가려져 비즈니스로서의 가치를 제대로 발휘하지 못하고 있었을 뿐이다. 이제는 인터넷이 작은 브랜드가 세상에 알려지도록 도와주고, 다양화하고 있는 소비자의 취향과 니즈가 누군가의 개인적 경험을 가치 있는 상품으로 만들어준다. 개인적 경험을 브랜드의 핵심 가치로 삼을 수 있다는 것은 브랜드에 진정성을 부여하는 좋은 재료가 된다. 문제는 그것을 '어떻게 요리하는가'이다.

무엇보다 자신의 경험이 다른 사람도 경험하길 원하는 것인지, 다른 유사한 경험에 비해 경쟁력을 갖춘 것인지, 그리고 그것이 돈을 지불하고 살 만한 가치가 되는지 등에 대해 냉철하게 판단해야 한다. 개인적 경험을 비즈니스로 만든 곳에 방문했다가 취미 생활 수준의 실력에 실망했던 경험이 여러 차례 있다. 개인적 경험이 좋은 재료가 될 수는 있지만, 재료가 있다고 모두가 좋은 요리를 만들 수 있는 것은 아니다. 그 경험을 하나의 단어로 정의할 수 있어야 한다. 평양 만두, 발 맞춤 러닝화, 스웨덴 커피처럼. 하나로 정의할 수 없는 경험의 잡화점은 상대방에게 존재의 이유를 설명하기 어려울 가능성이 크다.

채식주의 식당에 대해 이야기해 보자. 개인적 이유로도 관심이 많은 분야이다. 이미 이름이 알려진 레스토랑도 몇 군데가 있고, 대기업도 다양한 형태로 시장에 참여하고 있지만, 누군가의 개인적 경험을 제대로 공유한다는 느낌을(만두집에서의 첫 경험처럼) 받아본 적은 없었다. '이 사람이 이런 것을 먹고 행복했겠구나…' 하는 느낌이 전달되어야 한다. 지난 10년 동안 자신을 행복하게 해주었던 레시피들을 잘 정리해 보시라. 더도

82

말고 덜도 말고 그냥 그것을 브랜드로 만들면 된다.

––––––––––

'내가 할 줄 아는 것'이 아니라

'나를 행복하게 했던 것'이 경험이다.

개인의 재주가 아니라 행복한 느낌을 공유하는 것이

핵심이다.

위 뷰클런즈   아래 바이슨홈

브랜딩은 오늘의 문제를
해결하기 위한 것이 아니다

Q.

"다양한 재료를 활용한 착즙 주스 브랜드를 10년 정도 운영해 왔습니다. 재료의 구입에서 제조, 영업 등 모든 일을 혼자 해오다시피 하다 보니 현장의 문제에 대해서는 누구보다 잘 알고 있다고 자부합니다. 브랜드를 조금 더 체계적으로 만들어가야 한다는 점에 대해서는 동의하지만, 하루하루 일어나는 현장의 문제를 생각해 보면 브랜딩은 너무 이상적인 이야기가 아닌가 하는 생각이 듭니다."

브랜드에 대한 강의를 하다 보면 '장기적 브랜딩과 단기적 문제 해결 사이의 갈등'에 대한 질문을 많이 받게 된다. 그날그날의 매출이 중요한 현실의 상황을 생각하면 당연한 일이다. 브랜딩은 오늘의 문제를 해결하기 위한 것이 아니다. 시간이 꽤 오래 걸리는 일이다. 그렇다면 시간을 필요로 하는 브랜딩과 당장 눈앞의 문제를 해결하는 일 사이의 균형점은 어떻게 찾는 것이 좋을까?

다시 '브랜드는 사람이다.'라는 명제로 돌아가보자. 사람에게 건강은 크게 두 가지를 의미한다. 적극적 의미의 건강과, 소극적 또는 치료적 의미의 건강으로 나누어볼 수 있다. 전자는 장기적 관점에서 건강한 몸을 만들고 유지하는 일, 즉 매일 아침 운동을 하거나, 몸에 도움이 되는 비타민이나 건강 보조 식품을 꾸준히 섭취하는 행위 같은 것이고, 후자는 몸에 문제가 생기면 약을 복용하거나 주사를 맞아 해결하는 치료나 수술 등을 의미한다. 브랜드도 마찬가지이다. 건강한(목표대로 잘 성장하는) 브랜드가 되기 위해서는 장기적 건강 플랜과 방어적 관점에서의 치료 행위 둘 다 필요하다. 그런데 이성적으로는 전자가 필요하다고 생각하면서도, 후자에 더 많은 관심과 시간을 할애하게 되는 것이 현실이다. 몸살에서 회복이 되어야 아침 운동 계획을 세우든 말든 할 것 아닌가?

이해한다. 충분히 이해한다. 하지만 언제까지 대증적 요법으로 연명해 갈 것인가? 두 가지 일을 함께 해가는 방법을 찾아야만 한다. 그래야 머리가 아플 때 진통제를 쓰는 것이 맞는지, 쓰더라도 어떤 종류의 진통제를 쓰는 것이 더 옳은 방법인지 판단할 수 있다.

일단 시간을 내서 장기적인 건강 플랜, 즉 브랜딩을 어떻게 해 갈 것인지 지도를 그려보자. 자신의 브랜드가 어디를 향해 가고 있는지 하루이틀 시간을 내어 깊이 생각해 본다고 비즈니스가 망가지겠는가? 그렇게 할 마음의 여유가 없을 뿐이다. 아니면 그 일이 너무 어려워 보여 엄두가 나지 않는 것이다. (헬스

클럽에 등록하거나 달리기를 시작하는 결심을 하기 전과 똑같은 상황이다.)

2014년의 일이다. 미국 남부 지역을 대표하는 패스트푸드 브랜드 '파파이스'의 한국 캠페인을 맡게 되었다. 케이준이라는 미국 남부 특유의 소스와 치킨을 주재료로 하는 개성이 강한 브랜드였는데, 경쟁 패스트푸드 브랜드 대비 차별화되는 전략을 찾지 못해 고전하는 상태였다.

이런 상황에 처한 대부분의 브랜드들이 하는 첫 번째 행동은 '리딩 브랜드 따라 하기'이다. 매출을 올리기 위해 앞서가는 브랜드들이 하는 메뉴나 활동을 따라 한다. 몇몇 매장에서 매출 상승의 기미가 보이기 시작하면 쓸 수 있는 마케팅 자원을 이런 일에 지속적으로 투입한다. 착시현상일 뿐이다. 그러다 만다. '그나마' 있던 브랜드의 특성마저 흐려지는 결과로 돌아올 뿐이다.

당시 파파이스의 상황도 크게 다르지 않았다. 일단 한국 시장 상황에 어울리는 브랜드의 콘셉트를 제안하기 위해 주요 매장 몇 군데를 관찰했다. 예상했던 일이었지만 20대 초중반의 여성들이 주 고객층이었고, 가장 인기 있는 메뉴는 매운맛의 스파이시 케이준 치킨버거였다. 매운맛 떡볶이, 닭발 등 스트레스

해소용의 자극적인 음식들이 20대 여성들 사이에서 인기라는 당시 소비 트렌드와도 잘 맞아떨어졌다.

적극적이고 직선적인 성향(스파이시한)의 20대 초중반 여성을 브랜드의 페르소나로 설정하고, 'Girls, Be Spicy!'라는 타이틀의 캠페인을 진행했다. 주요 매장에 발언대를 설치하고, 주어진 질문에 대해 '스파이시한' 발언을 하는 고객 대상 이벤트를 개최했다. 이를 동영상으로 촬영해 바이럴 영상으로 활용했다. 매장 내 포스터도 같은 콘셉트로 제작되었다.

첫 번째 이벤트가 열렸던 매장의 방문 고객수는 한 달 사이에 두 배로 증가했다. 다른 패스트푸드 브랜드의 버거 대신 '누가, 왜 파파이스의 케이준 치킨버거를 선택해야 하는지'에 대한 이유를 만들었다. 이 캠페인은 1년 정도 꾸준히 진행되었다. 캠페인에 대한 반응은 괜찮았지만 이벤트의 효과가 전체 매출의 상승으로 이어진다는 확신이 서지 않자 '과연 이 예산을 여기에 쓰는 것이 옳은가?'라는 반론이 영업 담당 부서에서 나오기 시작했다. 결국 캠페인에 쓰인 예산의 상당 부분은 경쟁 브랜드에서 잘 팔리고 있는 신메뉴 개발과 할인 프로모션 홍보를 위해 사용되었다. 그렇게 캠페인은 흐지부지되었고, 성장동력을 찾지 못한 브랜드는 2020년 한국 시장에서 철수했다. (이후 새로운 파트너와 프랜차이즈 계약을 맺고 2022년 다시 론칭했다.)

얼마 전 브랜딩 작업을 함께 했던 작은 브랜드 하나도 파파이스의 사례와 비슷한 길을 걸었다. 브랜딩이나 마케팅을 위해 쓸 수 있는 예산이 적었기 때문에, 3개월에 걸쳐 단계별로 브랜딩을 위한 컨설팅을 진행했다. 가장 먼저 생산자 관점에서 소비자 관점으로 브랜드 슬로건을 바꾸는 작업을 진행했다. 그러고 난 후 그 메시지에 어울리는 브랜드의 룩 앤 필Look & Feel을 만들기 위해 비주얼 아이덴티티를 개발하고, 그것을 패키지, 리플릿 등에 적용했다. SNS의 내용과 운영 방식도 소비자 중심으로 바뀠다. 순조롭게 진행되는 듯했다. 3개월 컨설팅 이후의 작업은 내부에서 진행하기로 했다. 6개월쯤 지났을 때 원래의 모습으로 돌아간 그 브랜드의 홈페이지를 보게 되었다. 컨설팅 초기에 제안했던 브랜드 슬로건도, 비주얼 아이덴티티로 사용되었던 일러스트도 사라졌다. 원래의 모습으로 돌아간 것이다. 굳이 다시 연락해서 이유를 묻지는 않았다. 아마 같은 이유였을 것이다. 당장 눈에 띄는 변화는 없고, 해오던 것과는 다른 방식이 답답하게 느껴졌을 것이다.

골프나 테니스와 같은 운동을 하면서 일정 수준 이상으로 도약하기 위해서는 그동안 혼자 터득한 잘못된 폼을 과감히 버리고 코치로부터 제대로 된 스윙법을 배워야만 한다. 한동안은 오히려 실력이 더 떨어지기도 하고, 새로운 스윙법이 몸에 익지 않아 부작용이 생기기도 한다. 그 시기를 견뎌야 한다. 경험상 브랜딩에서는 그 시기를 1년, 3년, 5년으로 나눠 이야기한다. (업종이나 조직의 규모에 따라 큰 차이가 있지만) 브랜딩을 왜 해야 하는지를 받아들이는 데 1년, 그것이 자리 잡는 데 3년, 그 모습이 소비자나 고객에게 전달되는 데 5년이 걸린다고 보면 된다. 몇 년이라는 숫자가 중요한 것이 아니라 그 정도의 인내심을 가져야 한다는 뜻으로 받아들이면 된다.

브랜딩이 오늘의 문제를 해결해 주는 것은 아니다. 하지만 끝을 알 수 없는 먼 길을 떠나는 여행자의 마음으로 비즈니스를 준비하고 닥쳐올 문제들에 대비해야 한다. 지도를 마련하고 앞으로 일어날 일들을 예상해 지금은 필요하지 않은 짐들을 등에 지고 가는 일이 결코 쉽지는 않다. 하지만 그것이 길을 잃었을 때 조난당하지 않게 해주고, 비바람을 막아줄 거처가 되어주기도 한다는 사실을 잊지 말아야 한다. 브랜드는 그렇게 만들어 가는 것이다.

브랜딩은 오늘의 문제를 해결하는 수단이 아니다.

끝을 알 수 없는 먼 길을 헤쳐 나가게 해주는

힘을 키우는 작업이다.

한 명의 페르소나를 찾아라

10

Q.

"패브릭과 관련된 일을 오래 하다가 그간 습득한 노하우에 디자인을 더해 가정용 가구 브랜드를 만들었습니다. 세련된 인체 공학적 디자인과 위생의 문제를 해결한 패브릭 제조 기술을 결합했기 때문에 제품력만큼은 자신이 있습니다. 문제는 인지도가 낮은 국내 브랜드치고는 고가라는 점입니다. 이런 장벽을 한번에 극복할 수 있는 좋은 방법이 없을까요?"

마케팅은 쌍방이 존재하는 게임이다. 내가 아무리 매력적이라(고 생각) 해도 그렇게 동의해 주는 상대방이 없으면 성립되지 않는다. 나를 진심으로 좋아해 줄 수 있는 파트너를 찾는 일이 마케팅의 시작이다. 지적인 사람은 지적인 파트너를 원하는 사람을 만나야 진가를 발휘하고, 유머 감각이 뛰어난 사람은 농담 한 마디에 행복해하는 사람을 만나야 멋진 사람이 되는 법이다. 그렇게 짝을 찾아 브랜드가 가진 가치를 인정받고 그런 짝의 외연을 넓혀가는 일이 마케팅이다.

그렇다 보니 마케팅에서 가장 중요하게 생각하는 일 중 하나가 타깃 세분화Target Segmentation이다. 브랜드의 핵심 가치와 가장 잘 들어맞을 만한 소비자의 특성을 인구통계학적, 사회경제학적, 라이프스타일 등의 기준으로 나누어 그들에게 가장 효율적인 마케팅 전략과 전술을 수립하는 일을 그렇게 부른다.

광고 회사 신입 AE 시절부터 '25~39세, 서울 및 수도권 지역 아파트 거주, 가용 소득 월 350만 원 이상, 자녀 1인 이상의 주부'와 같은 타깃 프로필을 숱하게 써왔다. 당시에는 이런 방식이 유의미했을 수도 있다. 하지만 지금은 그렇지 않다. 나이가 같다고 생각과 생활 방식이 같은가? 같은 아파트, 같은 평수에 살면 비슷한 것을 먹고 사는가? 소득 수준이 비슷하면 마트에서 사는 품목이 비슷한가? 이러한 세분화를 위해 실제 구매자나 잠재 소비자를 대상으로 설문 조사를 하기도 하고, 조금 더 깊이 있는 인사이트를 얻기 위해 포커스 그룹 인터뷰를 실시하기도 한다. 유의미한 기초 자료를 얻을 수는 있다. 하지만 이런 조사의 결과를 바탕으로 세분화된 소비자층을 정의한다고 해서 진정한 의미의 짝이 어떤 사람인지 알기는 어렵다.

이런 방법 대신 한 사람의 타깃 페르소나Target Persona를 정하는 것을 추천한다. 타깃을 세분화해서 정의하는 이유는 세분화된 타깃이 어떤 커뮤니케이션 경로를 통해 브랜드의 메시지를 접하며, 어떤 곳에서 여가 시간을 보내며, 삶의 어떤 부분에 관심이 많은가를 파악해 그에 적합한 마케팅 전략을 수립하기 위해서이다. 그렇다면 타깃을 대표할 만한 한 사람을 떠올리는 것이 훨씬 쉽지 않겠는가? 물론 한두 명의 인물로 타깃을 좁혀 정의하는 것은 어려운 일이다. 하지만 브랜드가 지향하는 핵심 가치와 잘 맞는 인물을 연상할 수 있다면 마케팅 전략을 수립하는 데 큰 도움이 될 수 있다. 이를 위해 빅 데이터를 활용하거나, 수집 가능한 자료를 바탕으로 프로파일러가 범인을 한 명으로 좁혀가듯 추리하는 방법을 사용하면 된다.

꾸준히 자기 관리를 하는 사람들을 위한 건강 관리 식품 브랜드를 만들기 위해 상품 기획 단계부터 함께 고민한 적이 있다. 이때 가장 먼저 했던 작업이 이런 식품을 원하는 사람들에 대한 정보를 수집하는 것이었다. 요즘은 인터넷에서 손가락 품을 조금만 팔면 그리 어려운 일이 아니다. 프로파일러의 입장에서 보면 수집 가능한 증거물들을 모으는 것이다.

각종 리뷰, 댓글, 블로그 등 관련 자료를 들여다보면 '한 사람'의 이미지가 만들어진다. 자의식이 강한 전문직 여성 프리랜서일 가능성이 높다는 결론에 도달했다. 보통 오전 6시에 차를 내려 마시며 하루를 시작하고, 인바디 수치나 자기 관리에 관한 각종 숫자에 민감한 편이라는 사실도 알아냈다. 필라테스나 요가 등으로 자기 관리를 하고 채식주의 식단을 선호한다는 추론도 가능했다. 이런 식으로 '한 사람'의 페르소나를 추리하다 보니 비슷한 캐릭터를 가진 인플루언서 몇 명이 눈에 띄었다. 그들의 라이프스타일을 참고해서 브랜드 페르소나를 정리했다. 이를 기반으로 브랜드의 비전을 설정하고 네이밍 및 제품의 방향성도 결정했다.

요즘처럼 페르소나라는 단어가 흔하게 쓰이지 않던 시절에도 개인적으로는 '한 사람'을 떠올리는 방법을 유용하게 사용했었다. 오래된 이야기이지만 삼성자동차에서 SM5를 만들던 시절, SM5의 광고를 기획했던 적이 있다. '삼성이 만들면 자동차도 다르다.'라는 메시지로 초반에 인기를 얻었던 SM5는 출시 몇 년이 지난 후 판매 하락으로 위기를 맞았다. 출시 당시와 달라진 것이 없는 자동차의 외관이 문제였다. 아무리 '타보면 다릅니다.'라고 외쳐봐야 새로운 디자인의 자동차를 선호하는 고객의 마음을 돌리기 어려웠던 것이다.

기존의 광고 회사 대신 구원 투수의 역할을 맡아 SM5를 회생시키는 캠페인을 기획했고, 그 결과 '누구시길래?'라는 광고가 탄생했다. 겉모습보다 내면의 가치를 중요하게 생각하는 타깃을 공략하자는 전략이었다. 이런 전략의 탄생 뒷면에 '한 사람'이 존재했다. 당시 실제로 SM5를 타고 다니던 친구가 '한 사람'

이었다. 부유한 집안에서 남부럽지 않게 자란 친구였지만, 결코 자신의 부를 과시하거나 겉치레에 신경을 쓰지 않는 성향을 가지고 있었다. 그 친구의 성격과 새롭지 않은 겉모습의 SM5 는 참 잘 어울렸다. 그런 맥락에서 '내면의 가치를 중시하는 사람의 차'라는 인사이트를 찾아냈던 것이다.

물론 브랜드의 핵심 타깃을 단 한 사람으로 규정하는 것은 자칫 일반화의 오류를 범할 수 있는 여지가 있다. 그렇기 때문에 그 '한 사람'이 확산의 중심 역할을 할 수 있는 캐릭터인지에 대해서 신중하게 고민해야 한다. 나이, 성별, 직업군, 거주지, 경제력 등을 기준으로 타깃을 그룹화하는 것은 더 이상 어떤 의미도 가지지 않기 때문에 일반화의 위험을 감수하더라도 한 명의 타깃 페르소나를 정하는 것이 마케팅이나 브랜딩의 측면에서는 훨씬 효과적이다.

앞의 질문에 있는 가구 브랜드의 사례로 돌아가보자. 북유럽풍의 세련되고 심플한 디자인과 감각적인 패브릭 패턴, 위생적인 기능성을 가진 제품의 타깃이 어떤 사람일까 생각해 보자. 서울 강남구 116제곱미터(35평) 아파트에 거주하는 아이 한 명을 키우는 주부와 요가, 고양이 그리고 여행에 관심이 많은 프리랜서 디자이너 중 어느 쪽에 여러분의 상상력이 더 발휘되는가?

———————

자신의 브랜드를 사랑해 줄 단 한 사람을 그려보라.

그리고 어떻게 그를 기쁘게 해줄 수 있을까 고민하라.

누구시길래…

나, 배경도 없고 요령도 모르는 사람.
가진 것은 오직 최고의 가치를 창조하려는 꿈과 열정과 자신감, 그것뿐이다.

가치를 아는 사람, 당신은 다릅니다

SM5는 1290만원(SM518, 부가세포함)부터 시작됩니다.

광고 대행사와 일하지 말라

11

Q.

"주방용품 브랜드의 마케팅을 담당하고 있습니다. 연간 10억 원 정도의 예산으로 온라인 광고, SNS 운영, 고객 이벤트 등의 활동을 하고 있는데, 마땅한 광고 대행사를 찾기가 쉽지 않습니다. 이름이 알려진 큰 광고 대행사와 일하면 제대로 된 대접을 받지 못하는 것 같고, 규모가 작은 대행사는 아무래도 인력이나 경험 면에서 떨어지는 느낌입니다."

전문가의 도움을 받는 일은 브랜딩을 위한 여러 작업 중 아주 중요한 부분이다. 브랜드 네이밍이나 로고를 만드는 일을 위해서 브랜드 전문가나 디자인 회사의 도움을 받기도 하고, 사업 전략 수립을 위해서 컨설팅 회사의 도움을 받기도 한다.

다양한 전문 분야 중 가장 많이 활용되는 전문가 집단이 바로 '광고 대행사'이다. 큰 규모의 광고 대행사는 그 안에 광고 기획 및 미디어 운용은 물론이고 디자인, 마케팅, 이벤트, SNS 등 다양한 기능이 있어 유용하게 활용할 수 있다. 작은 규모의 대행사의 경우에도 경험과 능력이 뛰어난 전문가가 있다면 다양한 도움을 효율적으로 받을 수 있다. 그렇기 때문에 좋은 '광고 대행사'를 만나는 일이 브랜드를 성공시키는 데 중요한 변수가 되기도 한다.

본론에 들어가기 전에 '광고 대행사'라는 명칭에 대해 이야기할 필요가 있다. 개인적으로 '광고업'이라 통칭되는 분야에서 인생의 반 이상을 보내면서 동의하지 않을 뿐 아니라 싫어하는 단어가 '대행사'이다. '광고 대행사'라는 명칭은 광고의 발상지 격인 미국에서 쓰이는 'advertising agency'를 번역한 것인데, 'agency'는 '무언가를 대신 행해 주는 사람 또는 조직' 등의 의미로 통용되는 단어이다. 실제로 광고 산업 초기의 'advertising agency'는 광고주의 광고 원고를 신문사에 전달해 주고 그 대가로 수수료를 받는 일을 했기 때문에 '대행사'로 불렸다. 지금도 대형 광고 회사들은 제작된 광고물의 매체 집행을 대행하고 그 대가로 수수료를 받고 있다. 하지만 그 이외에 마케팅 계획을 함께 수립하고 광고 캠페인을 기획·제작하는 일에 '대행'이라는 단어를 쓰는 일은 적절하지 않다. '나도 할 수 있지만 시간과 일손이 부족하니 당신이 대신하라.'는 의미로 느껴져 전문성에 손상을 받는 기분이 든다.

실제로 현업에서도 이런 일들이 심심치 않게 일어난다. 광고 전문가라고 선정해 놓고는 결국은 자신이 하고 싶은 것을 수차례의 수정을 거쳐가며 만들어낸다. 고용된 '광고 대행사'는 비즈니스 측면에서 마지못해 그렇게 '대행'하는 역할을 한다. 이런 의미에서 '광고 대행사'와는 일하지 말라는 것이다. 아르마니 양복을 사서 제 마음에 들도록 자르고 고치면 좋고 나쁨을 떠나 아르마니 양복을 비싸게 주고 산 의미가 없어지니 말이다.

다시 본론으로 돌아가자. 일단 브랜드 성격이나 처한 상황에 잘 맞는 전문가나 전문가 집단을 선정하는 일이 중요하다. 경우에 따라서는 광고 회사나 컨설팅 회사의 규모가 중요할 수 있다. 아무래도 경험이나 인력 면에서 장점이 있을 가능성이 상대적으로 높다. 하지만 작은 브랜드에게는 '적은 예산'이라는 무시하지 못할 약점이 있다. 예산의 많고 적음이 광고주를 대하는 우선순위가 되어서는 안 되지만, 그렇지 못한 현실을 부정할 수는 없다. 그러니 무조건 광고 회사의 규모만을 보고 파트너를 선정하는 것은 좋은 방법이 아니다. 자신의 브랜드와 상황이나 성격이 비슷한 작업을 한 경험이 있는 파트너를 찾는 방법을 추천한다. 그런 파트너 두세 곳을 찾아서 아이디어를 받아보는 것은 필요하다. (확신이 든다면 한 곳에서 받아보는 것도 괜찮다.)

좋은 아이디어를 받아보기 위해서는 주문서를 제대로 만들어야 한다. 흔히 '오리엔테이션'이나 'RFP(Request for Proposal: 제안 요청서)'라고 부르는 작업 의뢰서를 잘 만드는 것이 중요하다. 자신의 증상이나 병력 등을 의사에게 자세히 알려줘야 제대로 된 처방이 나오는 것과 같은 원리이다. 오리엔테이션만 받아봐도 그 브랜드를 위한 캠페인이나 컨설팅의 결과가 대충 짐작이 된다. 똑똑한 환자가 제대로 된 진단과 처방을 만든다. 프로젝트를 의뢰하는 방법이나 양식이 정해져 있지는 않다. 진단과 처방을 해줄 상대방이 브랜드의 정체성, 현재 상황, 해결되기 원하는 문제의 핵심 등을 명확히 알아들을 수 있도록 해주기만 하면 된다. 매년 광고 회사를 대상으로 경쟁 프레젠테이션을 하는 큰 규모의 광고주의 경우에는 RFP를 작성하는 것이 어려운 일이 아니지만, 이런 일을 처음 해보는 작은 브랜드라면 무엇부터 어떻게 시작해야 할지 감을 잡기 어려울 것이다.

일단 자신의 브랜드가 처한 문제들을 생각나는 대로 적어보라. 그 문제들을 중요도와 시급함이라는 기준으로 잘 들여다보면 가장 먼저 해결해야 할 (중요하고도 시급한) 문제가 보일 것이다. 그다음은 그 문제가 발생하게 된 내부적인 원인과 외부적인 요인을 열거해 보라. 일단 증상에 대한 설명은 이 정도면 충분하다. 여기에 활용할 수 있는 예산이나 기존에 시도했던 방법 등을 덧붙여 주면 도움이 될 것이다. 형식에 얽매이지 말고 현명한 환자의 입장이 되어 차근차근 자신의 상태를 설명하듯 하면 된다.

2022년 가을, 스포어 코리아라는 회사로부터 컨설팅 의뢰를 받았다. 스포어 코리아는 생분해가 가능한 버섯 균사체 기반의 복합 소재로 포장재를 만드는 회사이다. 브랜드가 가진 핵심 가치는 명확했다. 그런데 비즈니스의 론칭을 위해 어떤 일부터 해야 하는지 막막한 상태였다. 좋은 기술만으로 비즈니스를 시작하는 브랜드가 처하는 흔한 상황이었다. 서너 차례의 미팅을 통해 상황을 파악해 나갔다. 일단 이전에 존재하지 않던 제품이기 때문에 존재감을 뉴스로 만드는 일이 중요하다는 판단이 들었다. 그리고 고객의 눈높이에서 기술의 개념과 특징을 설명하는 것이 필요하다는 조언을 했다.

'그대로 화분'이라는 이름의 팝업 스토어를 만들자는 아이디어를 냈다. 생분해가 되는 버섯 균사체로 화분을 만들어 그 안에 식물을 심었다. 균사체로 만든 화분 그대로 제대로 된 화분에 옮겨 심어도 된다는 사실을 통해 포장재라는 정체성과 생분해라는 특성을 동시에 전달했다. 다양한 종류의 화분과 식물을 팝업 스토어에 전시하고 행사 마지막 날에는 방문 고객들에게 화분을 나누어 주었다. 전시장 바닥을 흙과 간단한 식물로 메운 것이 인테리어 작업의 전부였다.

스포어 코리아는 우리의 아이디어를 그대로 받아들여 실행했다. 대신 비용 절감을 위해 행사 진행은 자체 인력과 역량을 활용했다. 적은 비용으로 전문가를 잘 활용한 사례이다.

좋은 브랜드를 만들기 위해서는 어느 시점에서는 전문가의 도움이 필요하게 된다. 하지만 결국 자신의 문제를 정확하게 정의하고 그에 적합한 전문가를 선정하는 일은 브랜드 책임자의 몫이다. 서로 해야 하는 역할을 바꾸어 하는 경우가 생각보다 많다. 전문가 집단은 무슨 문제를 해결해야 할지 몰라 머리를 싸매고, 브랜드 담당자는 전문가의 역할을 대신해 아이디어를 낸다. 역할 분담을 제대로 할 수 없다면, 아무리 뛰어난 전문가를 만나도 원했던 결과를 얻기 힘들 것이다.

———

브랜딩을 위해 제대로 된 전문가를 만나는 일은 중요하다.
그보다 더 중요한 일은 그 전문가를 제대로 활용하는 것이다.

스포어 코리아

카피는 글이 아니다 (1)

12

Q.

"교육 관련 플랫폼 스타트업을 운영하고 있습니다. 최근 투자 유치에 성공해서 브랜드를 알리는 활동을 본격적으로 시작하려고 합니다. 다양한 활동을 준비하고 있는데, 그러다 보니 브랜드의 슬로건이나 캠페인을 이끌고 갈 강력한 카피가 필요하다는 생각이 듭니다. 좋은 슬로건이나 카피를 쓰기 위해서 가장 중요한 것은 무엇일까요?"

말의 중요성을 강조하는 문화적 특성 때문인지, 우리나라 광고에서는 카피의 영향력이 그림이나 동영상보다 더 크다는 느낌을 많이 받는다. 미국이나 유럽의 광고에서도 카피가 중요하지 않은 것은 아니지만, 인기 있는 광고들 중에는 시각적 요소가 아이디어의 핵심인 경우가 더 많다. 통계적으로 증명할 수는 없으나 1980~90년대를 겪어본 세대들의 마음속에 남아 있는 광고들을 회상해 보면 어느 정도 동의할 수 있을 것이다. "가슴이 따뜻한 사람과 만나고 싶다."(가나 초콜릿), "또 하나의 가족"(삼성전자), "순간의 선택이 10년을 좌우한다."(금성전자; 현재 LG), "정"(초코파이), "침대는 가구가 아닙니다."(에이스 침대) 같은 카피가 떠오른다. 반면 비주얼이 무엇이었는지는 잘 기억나지 않을 것이다.

브랜드를 만드는 데 있어서 광고의 힘은 예전 같지는 않지만 여전히 크다. 그중에서도 말의 힘, 즉 카피가 주는 임팩트는 강하고 오래 지속된다. 그렇기 때문에 많은 브랜드들이 자신을 기억시킬 수 있는 '한 마디'를 갖고 싶어 한다.

대부분의 광고주들은 천재성이 있는 카피라이터나 크리에이티브 디렉터의 머리에서 멋진 카피가 나온다고 믿는 것 같다. 하지만 나는 카피라이터나 크리에이티브 디렉터가 카피를 쓴다고 생각하지 않는다. 그러면 카피는 누가 쓰는 걸까?

카피는 이미 그 브랜드 안에 숨어 있다. 카피라이터나 크리에이티브 디렉터는 그것을 발견해 밖으로 꺼내는 일을 할 뿐이다. 그렇기 때문에 브랜드 안에 있지도 않은 카피를 짜내는 작업은 카피라이터에게는 너무도 어려운 일이다. 핵심 가치나 차별점을 갖고 있는 브랜드의 경우에는 그 브랜드에 대해 할 말을 찾는 데까지 오랜 시간이 걸리지 않는다. 핵심 가치나 차별점을 찾아서 소비자 관점의 언어로 번역하는 작업을 하면 된다. 소비자 관점의 언어로 번역하는 것이 카피라이터의 중요한 능력이다. 하지만 그것은 글을 쓰는 능력과는 사실 무관하다. 핵심 가치나 차별점을 소비자 관점으로 바라보는 통찰력이 중요하다.

창업자가 직접 제품이나 서비스를 개발하고 성장시켜 온 작은 브랜드의 경우, 카피의 원료는 이미 창업자의 머릿속에 있을 가능성이 크다. 그것을 잡아내 통찰력 있는 소비자 언어로 번역하면 좋은 카피가 만들어진다.

'니조랄'이라는 비듬 샴푸의 광고 캠페인을 맡은 적이 있다. 의약품으로 분류되어 약국에서만 살 수 있는 제품이기 때문에 일반 유통 채널에서 판매되고 있는 비듬 샴푸와의 경쟁에서 어려움을 겪고 있었다. 일반 비듬 샴푸와 비교해서 확실한 비듬 제거 효과가 있었지만, 일반 샴푸를 평소에 쓰다가 일주일에 두 번 약처럼 따로 써야 하는 불편함의 문제를 극복해야 했다.

'확실한 효과'라는 단서에서 출발했다. 어떤 일이든 제대로 된 결과를 원하는 소비자의 행동을 분석해 봤다. 좋은 커피 맛을 원하는 사람들은 좀 귀찮아도 직접 원두를 갈아서 커피를 내린다. 좋은 음악을 원하는 사람은 원하는 CD를 주문해서 시스템을 제대로 갖춘 오디오에서 플레이하는 귀찮은 과정을 흔쾌히 감내한다. 그렇다면 비듬으로 정말 고생해 본 사람은 귀찮더라도 제대로 된 효과를 낼 수 있는 방법을 간절히 원할 것이라는 추론이 가능했다.

이런 생각의 과정을 통해 '귀찮아도'라는 카피가 탄생했다. 실제로 니조랄 샴푸를 사용해서 효과를 본 사람들의 증언 속에서 그 말을 찾아냈다. 이 캠페인은 몇 편의 시리즈 광고로 제작되어 니조랄이라는 브랜드가 가진 강점을 역설적으로 전달하는 데 성공했다는 평가를 받았다.

광고주들은 주로 자신의 입장을 전달하는 문구를 선호한다. 특히 브랜드 창업자들은 '~의 명가', '명품 ~', '~년 전통의', '장인 정신이 만든 ~'과 같은 슬로건을 원한다. 이런 것은 카피도 아니고 슬로건도 아니다. 생산자의 일방적인 주장일 뿐이다.

브랜드가 가진 특성이나 그것을 사용하게 될 고객이나 소비자가 마음속에 가지고 있을 법한 인사이트를 찾아내야 한다. 인사이트는 말 그대로 안을 들여다보는 것이다. 겉으로 드러난 빙산의 모습이 상식이라면 수면 밑에서 그 빙산을 이루고 있는 부분이 인사이트이다. 누구나 다 알고 있는 것, 이미 알려진 사실, 누구나 그렇게 말하고 싶은 것 등은 겉으로 드러난 빙산, 즉 상식에 해당되는 '글'일 뿐이다. 그 제품이나 서비스를 그렇게 생각하도록 만들, 소비자 마음속에 잠재되어 있는 부분이 인사이트이다. 그것이 글로 표현되었을 때 소비자는 '맞아, 내 생각도 똑같아. 이 브랜드, 나와 잘 맞겠는걸.' 하고 공감하며 그 브랜드와 관계를 맺게 된다.

1980년대 광고를 했던 사람이라면 대부분 암송하는 카피가 있다. "막 사 입어도 일 년 된 듯한 옷, 십 년을 입어도 일 년 된 듯한 옷." 영국풍의 기성 양복 브랜드, 트래드클럽의 광고 카피이다. 문장을 뜯어보면 멋진 말이나 창의적인 단어는 하나도 없다. '이 양복이 제일 멋집니다.'라거나 '영국 전통 스타일의 명품입니다.'라는 말은 어디에도 없다. 심지어 새 옷을 사 입었는데 일 년 된 듯하다고 한다. 하지만 곧 고개가 끄덕여진다. 그제야 소비자는 새로 산 티가 팍팍 나는 옷의 격조 없음에 대해 생각하게 된다. 옷 잘 입는 신사의 관점으로 트래드클럽의 특징을 해석한 것인다. 확인한 바는 없지만, 이것은 아마도 이 브랜드의 창업자가 멋진 신사복에 대해 갖고 있던 평소의 생각을 누군가가 광고 카피로 정리한 것이리라 짐작된다.

———

카피를 쓴다는 것은 멋진 글을 짓는 일이 아니다.
브랜드 속에 숨어 있는 핵심 가치나 인사이트를 찾아내
소비자 언어로 번역하는 작업이다.

카피는 글이 아니다 (2)

13

Q.

"지방 도시의 브랜딩을 맡고 있습니다. 도시의 규모나 특성 등을 고려해 보면 크게 내세울 것이 없어 고민입니다. 다른 지자체의 경우를 참고하며 다양한 방법을 모색하는 중인데, 아무래도 이 도시를 쉽게 알릴 수 있는 슬로건이 필요한 것 같습니다. 멋진 슬로건을 만드는 방법이 궁금합니다."

좋은 슬로건으로 기억되는 브랜드가 꽤 있다. 기억에 남는 슬로건이 그 브랜드의 성공에 역할을 했을 가능성이 있다. 하지만 그런 브랜드의 슬로건이 멋져서, 또는 카피가 재미있어서 사람들이 그 브랜드와 관계를 맺었던 것일까? 그런 경우가 전혀 없지는 않다. 특히 광고가 지금보다 더 큰 영향력을 발휘했던 시절, 구매 결정에 있어서 관여도가 낮은 제품군에서는 이런 전략이 심심치 않게 통하기도 했다. 과자나 아이스크림, 또는 진통제나 감기약 같은 일반 의약품 중에는 카피 한 줄이 판매를 견인한 사례가 많았다. 이거나 저거나 큰 차이가 없으니 구매 현장에서 기억의 맨 앞에 있는 브랜드를 집게 되는 것이 관여도가 낮은 제품군의 특징이니 가능한 일이었다. "열두 시에 만나요 부라보콘", "맛동산 먹고 즐거운 파티", "감기 조심하

세요, 판피린", "맞다, 게보린"과 같은 광고 카피가 그런 것들이었다. 특별한 의미를 담고 있기보다는 커뮤니케이션의 첫 단계에 해당되는 '관심 끌기Attention', 즉 '나 여기 있어요, 기억해 줘요.'라고 말하는 역할을 잘 수행했다고 볼 수 있다.

이런 카피와는 좀 다른 결로 기억되고, 브랜드 파워를 높이는 데 도움을 준 카피들이 있는데, "못생겨도 맛은 좋아, 매치매치바"나 "국물이 끝내줘요, 생생우동"과 같은 것들이 그렇다. 단지 관심과 기억을 위한 카피가 아니라 제품의 본질을 기반으로 한 카피였다는 점에서 앞의 사례들과는 결이 다르다고 하는 것이다. 매치매치바는 땅콩이 들어간 초코바인데 들어간 땅콩의 양이 많다 보니 그 모양새가 울퉁불퉁해진 것이고, 생생우동의 경우에는 일본식 우동의 국물 맛을 내는 재료가 스프에 들어 있었기 때문에 그렇게 말할 수 있었던 것이다. 이렇건 저렇건 간에 기억에 남는 카피나 슬로건이 브랜드에 힘을 실어줬던 것은 사실이다.

하지만 이전에는 저관여군으로 분류되던 제품이나 서비스라 하더라도 이제는 카피의 힘만으로 브랜드를 성공시키는 일은 힘들어지고 있다. 일단 관심을 갖고 기억해야 할 브랜드의 숫자가 너무나 많고, 그들이 배출하는 메시지의 양이 어마어마하다. 더구나 광고 카피 말고 재미있는 콘텐츠가 천지에 널려 있다. 또한 제품이나 서비스를 구매 결정 과정에서의 관여 정도로 구분하는 일이 무의미해지고 있다. 예전에는 냉장고를 구매하는 일과 비누를 고르는 일에 있어서 관여의 정도가 확연하게 구분되었지만 지금은 그렇지 않다. 누군가의 라이프스타일에서는 비누가 냉장고보다 훨씬 중요한 제품일 수 있는 시대에 살고 있기 때문이다.

카피나 슬로건을 만드는 일은 글짓기 작업이 아니다. 브랜드가 가진 핵심 가치나 그와 관련된 소비자의 인사이트를 '글'이라는 매개체로 전달하는 일이다. 소비자가 귀 기울여야 할 말이 지금보다 많지 않던 시절에는 말장난 같은 카피도 눈길을 끄는 데 성공하기도 했지만, 이제는 어림도 없다. 그럼에도 불구하고 여전히 수많은 헛수고가 난무한다.

위의 질문자의 경우와 같은 지자체의 슬로건에서 어렵지 않게 찾아볼 수 있다. '미래 도시', '신나는 변화', '기분 좋은 변화', '새로운 도약' 등과 같은 슬로건이 어느 지자체를 의미하는지 짐작이나 가는가? 누구나 지향하는 보편적인 가치를 자신만의 것으로 만들기는 정말 어렵다. 영어로 쓴다고 해도 이런 슬로건은 멋져 보이지 않는다. (오히려 시대에 뒤떨어져 보인다.)

서울 강남구가 몇 년 전부터 쓰고 있는 'me, me, we'는 어떤 의도와 의미를 가진 것인지 이해가 잘 되지 않는다. 심지어 이 슬로건의 한국어 해석은 '나, 너, 우리 강남'이라고 하는데, '너'는 어디 있는지? 물론 지자체들이 이런 슬로건을 만들어 쓰고 있는 데에는 감히 짐작하기 어려운 의도나 속사정이 있을 수 있다. 하지만 슬로건을 만든 속사정까지 감안해 가면서 그것을 좋아할 수는 없는 노릇 아닌가?

그렇다면 지자체 슬로건의 교과서처럼 인용되는 'I Love New York'은 왜 잘 된 것으로 평가받는가? '사랑'이라는 보편적 가치를 주제로 하고 있는데, 그 가치가 뉴욕과 무슨 상관이란 말인가? 지자체의 슬로건을 만든다는 것은 그 도시가 무엇을 하겠다는 것인지를 '글'로 표현하는 행위이다. 그 '무엇'이 분명하지 않으면 의미 없는 슬로건이 만들어진다. 반대로 그 '무엇'이 확실하면 평범해 보이는 글도 분명한 의미를 갖게 된다. 'I Love New York' 캠페인은 1977년 탄생했다. 1970년대 뉴욕의 엄청난 범죄율과 그에 따라 곤두박질치는 관광객의 숫자를 극복하기 위해 만들어진 '관광객 친화형' 슬로건이다.

좋은 슬로건은 의미 있는 목적을 달성하기 위한 다양한 뒷받침 활동을 필요로 한다. 도시의 브랜딩도 제품이나 서비스의 브랜딩과 다르지 않다. 브랜딩의 주체이자 대상인 도시가 어떻게 인식되길 원하는지, 또는 이 도시를 어떤 곳으로 만들어갈 것인지가 명확해야 한다. 멋진 말이 도시를 멋지게 만드는 것이 아니라, 도시가 가고 싶은 길이 말로 표현되어야 멋지게 들리는 것이다. 지자체의 장이나 브랜딩을 담당하는 사람 입장에서 도시를 어떤 하나의 이미지로 좁히는 것이 부담스러울 수 있다. 그러다 보니 모든 걸 묶을 수 있는 '미래', '행복', '변화' 등의 단어가 등장하는 것이다.

브랜딩하려는 도시가 모든 면에서 다른 곳보다 더 매력적일 수 없다. 그것은 어떤 메가시티의 경우도 다르지 않다. 다른 도시에 비해서 이 도시가 존재하는 또는 선택받아야 하는 이유를 명확히 하는 것이 중요하다. 그리고 그 이유가 도시 발전 로드맵의 근간이 되어야 한다. (4년마다 지자체의 장이 바뀌는 것이 문제이긴 하다.) 이유를 좁히는 것을 두려워하지 말아야 한다. 그 이유를 앞에 세워 도시를 매력적인 곳으로 만들어 그 이외의 것들도 후광 효과를 입을 수 있도록 전략을 수립하면 된다.

도시를 위해 멋진 슬로건을 만드는 일은 불가능하다. 도시를 멋지게 만드는 계획이나 비전을 글로 옮긴 것이 슬로건이다. 슬로건을 만들기 전에 도시를 만들라.

뛰어난 카피로 브랜드를 멋지게 만들 수는 없다.

멋진 목적과 실체가 뛰어난 카피를 만든다.

반대쪽에 답이 있다

14

Q.

"소형 가전제품을 생산하는 기업의 광고를 담당하고 있습니다. 기술 특허를 기반으로 만들어진 제품이어서 특장점이 분명한데, 이런 메시지를 광고로 만들어 집행해 봤는데 효과가 별로 없었습니다. 너무 생산자 관점으로 만들어진 광고가 아닌가 생각합니다. 이런 경우 어떻게 해야 효과적인 광고를 만들 수 있을까요?"

웰콤이라는 광고 회사가 있었다. 개인적으로 몸담았던, 그리고 가장 치열한 광고 인생을 보냈던 곳이다. 1988년 서울 충무로에서 작은 크리에이티브 부티크로 시작한 이 회사는 1990년 중반부터 재벌 그룹의 인하우스 광고 회사들이 장악하고 있던 한국의 광고판을 흔들기 시작했다.

1994년, "정복할 것인가, 정복당할 것인가?"라는 카피의 프로스펙스 '정신대 광고'로 주목을 받더니, 대한민국 제1의 인하우스 광고 회사인 제일기획이 도맡아 하던 삼성전자의 냉장고 광고, 위기의 대우자동차를 살린 '쉿! 레간자' 캠페인, 양문형 냉장고 시대를 연 디오스의 '자장자장, 디오스' 캠페인 등으로 자타가 공인하는 한국 최고의 광고 회사가 되었다. 소위 독립 광고 회사(인하우스 광고 회사와 대비되는 개념으로)가 살아남는 것만으로도 대단하다고 인정받는 우리나라 광고계에서 당시 웰콤의 존재감과 영향력은 대단했다.

이런 웰콤 성공 신화의 중심에는 한국 최고의 광고 크리에이터인 박우덕 사장이 있었다. 아트 디렉터 출신으로 이 회사를 창립한 박우덕 사장의 천재적인 아이디어들이 수많은 광고와 브랜드들을 성공으로 이끌었다. 함께 일하면서 그에게 많은 것을 배웠지만, 그중 하나만 꼽으라면 '반대쪽을 바라보는 발상법'이라 할 것이다. 그는 "모두가 하늘을 볼 때 땅을 보고, 다른 사람들이 오른쪽을 향할 때 왼쪽으로 가라."고 이야기했다. 이는 세계적인 광고 크리에이터들의 발상법과 맞닿아 있었다.

창의적인 발상의 광고로 유명한 영국의 광고 회사 바틀 보글 헤가티Bartle Bogle Hegarty의 크리에이티브 디렉터 존 헤가티John Hegarty의 대표작으로 꼽히는 리바이스 블랙진 광고가 그렇다. 왼쪽을 향해 가고 있는 수십 마리의 흰 양떼 속에 검은 양 한 마리가 반대쪽으로 가고 있는 단순한 비주얼의 광고인데, "When the world zigs, Zag."라는 촌철살인의 카피가 무릎을 치게 만든다. "세상이 한쪽을 향해 갈 때 반대쪽으로 가라."고 말한다. 이후 검은 양은 이 광고 회사의 심벌이 되었다.

너무나도 유명한 애플의 'Think Different' 광고를 만들어낸 세계적 크리에이터 리 클라우Lee Clow도 자신의 광고 철학을 한 마디로 'Disruption(분열, 붕괴)'이라고 천명했다. 지금까지 알고 있던 것을 '무너뜨려야' 새로운 것을 만들 수 있다고 주장한다.

이런 발상법은 왜 강력한 힘을 갖는 것일까? 이것은 지금까지 알고 있던 것과 새로운 생각의 대결에서 후자가 승리할 경우 그 파괴력이 크기 때문이다. 이미 알고 있거나 그렇다고 믿고 있는 것에 비하면 새로운 개념이나 믿음은 승률이 떨어지는 '언더독'이다. 승률이 떨어지는 언더독에 베팅을 했는데 그 선수가 이기면 훨씬 많은 돈을 따게 되는 것과 비슷한 이치이다. 지금까지 알고 있던 것을 받아들이면 마음은 편하다. 하지만 그런 생각으로 다른 사람의 마음을 움직이거나 세상을 바꾸기는 어렵다. 반대로 지금까지 알고 있던 것과 다른 생각은 받아들이기 불편하고, 확신이 잘 서지도 않는다. 하지만 지금까지 세상을 바꾼 것들은 대부분 그런 생각들이었다.

'똑똑한 사람이 되고 싶은가, 바보가 되고 싶은가?'라는 질문에 대한 여러분의 답은 무엇인가? 이탈리아의 청바지 브랜드인 디젤은 '바보가 되라.'고 이야기한다. 2010년 선보인 디젤의 'Be Stupid' 캠페인의 카피 몇 가지를 보면 그들의 주장이 이해

될 것이다.

"Smart has the plans, Stupid has the stories.(똑똑한 사람은 계획을 세우지만, 바보는 이야깃거리를 만든다.)" "Smart may have the answers, but Stupid has all the interesting questions.(똑똑한 사람은 답을 가지고 있을지 모르지만, 바보는 흥미로운 질문으로 가득하다.)" "Smart critiques. Stupid creates.(똑똑한 사람은 비판하고, 바보는 창조한다.)" "Smart may have the brains, but Stupid has the balls.(똑똑한 사람은 뇌는 있을지 모르겠으나, 바보에게는 배짱이 있다.)"

뒤통수를 얻어맞은 느낌이 들지 않는가? 똑똑이가 멍청이보다 낫다는 통념을 통렬하게 뒤집어 버린 것이다. 2019년에는 비슷한 방식으로 'Be a Follower' 캠페인을 진행했다. 인스타그램에서 인플루언서가 되기 위해 힘들게 사느니 편하게 팔로워로 살라는 메시지를 던졌다. 인플루언서가 되기 위해 노력하는 세태의 반대쪽을 바라본 것이다. '똑똑하게 살자.'나 '인플루언서가 되자.'라는 주장은 딱히 반박할 것이 없지만, 특별히 논란거리가 되지도 않는다. 그저 흘러가는 메시지가 될 공산이 크다. 이런 메시지로는 영향력을 만들 수 없다. 하지만 '바보가 되자.'거나 '팔로워가 되자.'라는 주장은 '어, 뭐지?'라는 반응을 만들어낼 수밖에 없다. 그동안 알고 있던 것과 반대되는 주장이기

127

때문이다. 그런데 그 주장이 충분히 공감할 만한 것이라면 그것은 영향력을 만들어가는 좋은 재료가 될 수 있다.

작은 브랜드 중에는 좋은 기술을 가진 제품이 많이 있다. 기술은 브랜드를 만드는 훌륭한 재료가 된다. 하지만 그것을 그대로 소비자에게 커뮤니케이션하는 것은 너무 순진한 발상이다. 소비자는 그 기술을 사는 것이 아니다. 좋은 기술로 인해 변화되는 삶의 순간을 사는 것이다. 소비자에게 제품을 파는 것이 아니라 브랜드와 그의 삶을 연결한다는 생각으로 커뮤니케이션해야 한다.

위의 질문을 한 기업에서 만드는 제품이 신기술이 적용된 스타일러 제품이라고 가정해 보자. 소비자는 기술에 관심이 있는 것이 아니라 그 기술이 가능하게 하는 새로운 결과에 주목할 것이다. 기술이 만드는 새로운 결과는 아마도 기술의 반대쪽에 있을 가능성이 크다. 기술의 반대쪽에는 무엇이 있을까? 사람이 있지 않을까? 기술을 가진 브랜드가 기술을 자랑하는 대신 사람의 이야기를 하면 소비자가 관심을 가질 가능성이 커지지 않을까? 사람의 이야기도 행복이나 건강 같은 평범한 주제 말고 사랑, 우정, 열정 같은 것을 이야기하면 어떨까? 한발 더 나아가 그 반대의 미움, 배신, 좌절 같은 것을 말하면 너무 멀리 나간 것일까? 어떻게 기술과 그런 것을 연결할 수 있을까 궁금할 것이다. 그것이 바로 크리에이티브의 힘이다.

모두가 고개를 끄덕인다는 것은 누구나 알고 있다는 뜻이다. 상식으로 세상을 바꾼 역사는 존재하지 않는다.

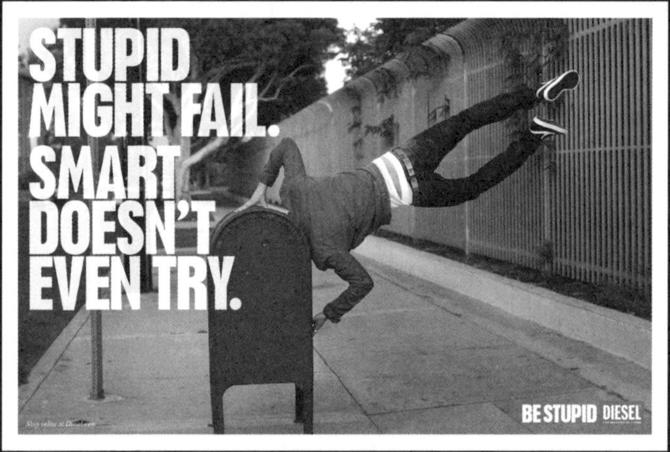
STUPID
MIGHT FAIL.
SMART
DOESN'T
EVEN TRY.
BE STUPID
DIESEL

내부 고객이 먼저다

15

Q.

"B2B 중심의 제조업을 해오다 작년부터 B2C 제품을 개발해 판매하고 있습니다. 다행히 좋은 마케팅 전문가를 만나 브랜딩과 마케팅 등에 관한 도움을 받으며 생각보다 성공적으로 출발한 것 같습니다. 문제는 내부 직원들의 마인드입니다. B2B 영업에 익숙해져 있다 보니 브랜드나 마케팅의 개념에 대한 이해가 부족해서 생각만큼 진도가 잘 나가지 않네요."

제대로 된 브랜딩을 하기 위해서는 넘어야 할 산이 많다. 그중에서 가장 어려운 부분이 '전 조직의 브랜드화'이다. 브랜딩 작업은 해당 부서만의 일이 아니다. 회사의 영업을 담당하는 부서가 따로 있지만, 신제품이 출시되었을 때 전 직원이 판매 촉진 활동을 하는 것처럼 브랜딩도 그래야 한다. 전 직원이 브랜드의 개념을 이해하고 브랜딩을 위한 활동에 협조해야 한다. 크게 어려워 보이지 않는 일인데, 현실에서는 치명적인 걸림돌이 되기 일쑤이다.

'전 조직의 브랜드화'가 힘든 이유는 크게 두 가지이다. 첫 번째, 브랜딩의 개념과 중요성에 대한 이해가 쉽지 않고, 그것을 전 조직이 공유할 수 있는 기회가 마련되지 않기 때문이다. 매출이나 재무 관리의 개념과 중요성은 대부분의 조직원이 이미 알고 있기 때문에 판매 촉진이나 비용 절감 등의 활동에 전 조직이 협조하는 일은 크게 어렵지 않다. 하지만 브랜딩을 왜 해야 하고, 그것이 자신이 맡고 있는 일에 어떤 효과를 미치는지 모르는 경우가 많기 때문에 브랜딩은 다른 부서의 일 정도로 취급되고 만다. 게다가 브랜딩은 단기적 효과로 입증되기 어려운 일이어서 돈을 쓰는 일이라는 일반적인 인식이 있다. 그러다 보니 판매나 재무 등 단기적인 목표가 확실한 부서와 입장이 배치되는 경우가 종종 생긴다. 돈을 벌거나 아끼는 부서와 돈을 쓰는 부서 사이에 의견 대립이 생기면 누구의 목소리가 클 것인지는 불을 보듯 뻔하다.

그렇기 때문에 브랜딩이란 무엇이고, 그것이 조직 전체에 어떤 이익을 가져다줄 것인지에 대한 공유가 반드시 이루어져야 한다. 외부 고객을 향한 브랜딩 활동 이전에 내부 고객에 대한 브랜딩 캠페인이 선행되어야 한다.

두 번째, 브랜드와 관련된 내부 캠페인을 실시할 때도 그 방법이 잘못된 경우가 많다. 외부 고객을 설득하는 일만큼 내부 고객의 동의를 구하는 것에도 전략이 필요한데, 이를 마치 위에서 지시하면 당연히 따르는 일로 생각한다. 예전에 함께 일했던 대기업의 사례가 지금도 생생하게 기억난다. 새로운 CEO는 기업이 가야 할 비전을 새롭게 정하고 그것을 모든 직원들과 공유하기 위해 업무에서 사용되는 모든 문서의 하단에 그 비전을 명기하도록 했고, 회의 시작을 위해서는 참석자 모두 비전을 함께 외쳐야 했다. 군대에서나 있을 법한 일이다. 이 정도는 아니더라도 대부분의 조직에서는 새로운 무언가를 공유하기 위해서 주로 포스터, 현수막, 단합대회, 워크숍 등의 방법을 사용한다. 효과의 유무는 경우에 따라 다르겠지만, 무엇보다 메시지의 일방통행이라는 점에서 문제가 있다. 공유는 머리로 하는 것이 아니라 가슴으로 하는 것이다.

컨설팅 과정에서 브랜드가 가야 할 길, 즉 핵심 가치를 결정하고 나면 가장 먼저 모든 조직원과 그런 결정의 배경과 과정 그리고 의미를 공유하는 작업을 반드시 준비한다. 공유의 과정이 브랜딩의 실행 과정에서 가장 중요한 부분이다. 이를 위해 컨설팅을 준비하는 과정에 반드시 내부 직원과의 인터뷰나 설문 조사를 포함시킨다. 핵심 가치를 발견하기 위한 실마리를 찾기 위해서이기도 하지만 조직의 온도나 분위기, 감정 상태 등을 감지하기 위해서이다. 조사 과정을 통해 감지된 내부 구성원들의 감정, 언어, 태도 등을 고려해 내부 캠페인을 기획한다. 이렇게 하는 이유는 메시지를 일방적으로 내보내는 것이 아니라, 조직 구성원 스스로 받아들이도록 하기 위해서이다. 새로운 비전이나 핵심 가치를 명령받는 것이 아니라, 함께 만들어가는 것이라는 느낌을 갖도록 해야 한다 일방적인 메시지의 수용자가 아니라, 새로운 개념의 공동 작업자가 되도록 하는 것이다. 이런 과정을 거치면 메시지의 수용이나 실행에 자발성에 더해진다. 새로운 브랜드 캠페인을 진행해 보면 내부 공유 과정을 거친 경우와 그렇지 않은 경우의 차이가 크다는 것을 쉽게 알 수 있다.

실제로 진행되었던 DGB 금융그룹의 브랜드 컨설팅 사례를 살펴보자. ('4. 제품력만이 핵심 가치가 되는 것은 아니다'에서 설명한 부분과 연결해서 보면 좋을 것이다.) 대구은행을 모태로 한 금융그룹인 DGB는 지역적 한계를 벗어나 보다 강력한 브랜드로 거듭나기 위해 컨설팅을 의뢰했다. 약 3개월에 걸친 인터뷰, 설문 조사, 워크숍 등의 작업을 통해 'Boundless'를 브랜드가 지향해야 할 핵심 가치로 설정하고 그를 기반으로 'Go Beyond'라는 브랜드 슬로건을 개발했다.

이런 작업이 거의 마무리되어 갈 무렵부터 내부 캠페인이 시작되었다. 일단 브랜딩 담당 부서는 프로젝트의 진행 상황을 전

직원에게 상세히 공지했다. 그리고 브랜딩과 관련된 작업이 왜 필요한지에 대한 공감대 형성을 위해 관련된 내용을 쉽게 풀어 쓴 10편의 레터를 만들어 1주일에 한 편씩 공개했다. 프로젝트 전체 내용이 완성된 이후에는 축약본을 만들어 관련 임원은 물론이고 주요 계열사를 순회하며 설명회를 가졌다. 설명회에는 생각보다 많은 직원들이 참여했고, 함께 브랜드를 만들어가고 있다는 분위기가 만들어졌다. 'Go Beyond'라는 다소 개념적인 슬로건에 대한 이해를 돕기 위해 내부용 매니페스토 필름을 제작했다. 이렇게 브랜딩 작업에 대한 내부 사전 정지 작업이 마무리된 이후, 본격적인 내부 캠페인이 시작되었다.

3개월간의 준비 작업 기간 동안 감지되었던 계열사 간 이질감 (다른 금융 브랜드에서 DGB로 편입되었기 때문에 생기는)을 해소하는 것이 중요하다고 판단했다. 흔히 하듯 회장님이 멋진 말로 새로운 브랜드 가치와 슬로건을 선포하는 대신 좀 다른 방법을 제안했다. 계열사 CEO가 한자리에 모여서 '속 뒤집는 토크'라는 이벤트를 진행했다. 처음에는 칸막이 안에서 익명의 아이디를 사용해 문자로 하고 싶은 이야기를 솔직하게 나누고 토크가 끝난 후 참가자의 정체를 공개하는 형태로 진행되었고, 이 과정을 영상으로 편집해 전 직원에게 공개했다. CEO부터 먼저 'Go Beyond' 하는 모습을 보여줌으로써 자연스럽게 브랜드의 핵심 가치를 공유하자는 의도였다. 예고편과 본편으로 나누어 공개된 '속 뒤집는 토크'는 예상보다 많은 댓글이 달리며 DGB 내부의 분위기를 뒤집는 역할을 했다.

보통의 경우 새로운 브랜드 캠페인을 진행하기 위해서는 캠페인 계획에 대한 최고 의사 결정자의 승인만 있으면 된다. 그리고 담당 부서에서 새로운 외부 캠페인을 집행한다. 이렇게 하면 다른 부서 직원들은 광고가 미디어에 노출된 이후 새로운 캠페인의 시작을 알게 된다. 자신이 관여하지 않은 캠페인에 대해 사람들은 과연 어떤 태도를 가지게 될까? 설사 호의적 태도를 가지고 있다 하더라도 자세한 내용이나 그 배경을 제대로 알고 있지 못하다면 새로운 메시지의 전파자 역할을 할 수 있을까? 브랜드가 무엇인지, 브랜딩을 왜 하는지, 새로운 캠페인은 어떤 의미를 가지는지, 그것이 자신이 하고 있는 일과 어떤 연관성을 갖는지 등에 관해 전 직원의 공감대를 형성하는 작업이 반드시 우선되어야 한다. 이런 일을 하는 데 있어서 상대적으로 규모가 작은 브랜드는 큰 브랜드 대비 절대적 우위에 설 수 있다. 대형 금융그룹 대비 작은 브랜드인 DGB도 그런 이점을 충분히 활용한 경우이다.

내부 캠페인이 브랜딩의 성패를 결정하는 핵심이다.

전 조직원이 그 개념과 의미를 가슴으로 받아들이게 하라.

브랜딩만큼 강력한
모티베이션은 없다

16

Q.

"친환경 생활용품 브랜드를 제조·판매하는 작은 기업을 운영하고 있습니다. 연 매출 50억 원 정도를 유지하고 있어 회사 운영에는 큰 어려움이 없지만, 조직이 뭔가 매너리즘에 빠진 느낌입니다. 신제품 아이디어도 마땅치 않고, 저를 포함해서 조직 전체에 동기 부여가 필요합니다."

하나의 사건을 놓고 다양한 분야의 전문가들이 패널로 나와 이야기하는 프로그램을 본 적이 있다. 영화 전문가는 그 사건을 영화의 관점에서, 역사학자는 역사적 시각으로, 변호사는 법률적 근거를 바탕으로 해석해서 이야기한다. 나름대로 모두 일리가 있는 주장이었다. 위의 질문에 대해서도 각자의 전문 분야에 따라 다양한 해석과 해법이 나올 수 있을 것이다. 심리학자는 조직 구성원의 심리적 측면에서, 인사 관리 전문가는 인사관리의 입장에서 위의 문제에 대한 해답을 낼 테니, 나는 브랜드적 관점에서 매너리즘 해소에 대한 답을 주려고 한다.

론칭 초기에는 나름대로 잘 성장해 가던 매출이 주춤하는 시기가 왔다는 것은 제품에서 브랜드의 패러다임으로 넘어갈 단계가 되었다는 징후일 가능성이 높다. 제품을 바라보는 시각을 생산자의 입장에서 소비자의 입장으로 전환해야 하는 시점이라는 의미이기도 하다. 론칭 초기 매출이 순조롭게 성장했다는 것은 제품이 가진 본질이 괜찮았기 때문일 텐데, 성장세가 멈췄다는 것은 본질만으로 해결되지 않는 단계에 다다랐다는 신호일 수 있다. 본질에 의존한 성장의 1차 임계점에 도달했다는 진단을 내릴 수 있다. 이때 많은 작은 기업들이 당황하게 되고 결국 길을 잃고 만다.

실제 있었던 사례를 (제품의 성분, 시장 상황 등을) 조금 바꿔서 설명해 보자. 국산 쑥을 재료로 건강 음료를 만드는 A라는 브랜드는 제품을 개발한 식품 전문가의 인지도를 기반으로 초기 론칭에 성공했다는 평가를 받았다. 론칭 1년 후 특별한 마케팅의 도움 없이도 연간 30억 원 정도에 도달했던 매출은 2년 차부터 주춤했다. 인스타그램이나 유튜브 등을 운영해 봤지만 큰 변화가 없었다. 그런 상태에서 A의 담당팀이 컨설팅을 위해 찾아왔다. 쑥을 재료로 세 종류의 건강 음료를 만들고 있었다. 위에서 이야기했던 성장의 1차 임계점 단계에서 나타나는 문제점으로 진단되었다. 즉, 국산 쑥의 효능이라는 훌륭한 본질을 기반으로 초기 시장 진입에 성공했지만, 그 본질을 어떻게 브랜드로 만들어야 할지에 대한 로드맵이 없어 우왕좌왕하고 있던 터였다.

쑥은 여성에게 좋은 성분을 갖고 있으면서 혈관 건강, 위장 질환, 면역력 강화 등에도 도움이 되는 거으로 알려진 식물이어서, 이미 가기 나른 소구점을 가진 세 가지 제품을 내놓고 있었다. 그중 여성을 타깃으로 한 제품 하나가 전체 매출의 90%를 차지하고 있었다. 시장 상황 파악과 소비자 조사를 통해, 쑥이라는 재료를 여성에게 특화된 재료로 포지셔닝해서 여성 건강에 좋은 음료, 식품 등에 특화된 브랜드로 만들어가는 것이 좋겠다는 제안을 했다. 제안을 수용하는 듯했으나, 이후 제안과는 다르게 양파, 미나리 등 국내산 재료를 활용한 다양한 신제품을 잇달아 개발했다. 컨설팅을 위한 몇 달간의 고민이 헛수고로 돌아갔다.

어느 길이 옳은 것인지에 대해서는 누구도 단언할 수 없을 것이다. 하지만 그 기업에서 일하는 직원들은 서로 다른 일을 하게 된다는 문제에 직면하게 된다. 누군가는 쑥이 들어간 음료를 만들고, 누군가는 양파로 건강식품을 만들고, 누군가는 미나리로 새로운 맛의 과자를 만들게 된 것이다. 이것이 왜 문제일까?

영화계에서 일하는 사람들을 만날 일이 가끔 있는데, 다른 어떤 분야보다도 자신이 하는 일에 대한 자긍심이 강해 보인다. 광고업계는 저리 가라 할 만큼 노동 강도가 심한데도 이를 훈장처럼 여기며 무용담을 들려준다. 이유는 간단하다. '내가 ~를 만든 사람이야.'라는 명찰을 달고 있기 때문이다. 그가 감독이건, 촬영팀 조수이건, 로케이션 매니저이건 모두 '~라는 영화를 만든 사람'이라는 같은 명찰을 달고 있는 것이다.

내부 조직원의 동기 부여를 위해서는 다양한 것들이 필요하다. 임금 수준, 근무 조건, 사무실의 위치, 사소한 직원 복지 등이 영향을 미칠 것이다. 이런 것들이 어느 정도 만족스럽다고 가정했을 때, '나는 ~을 만드는 사람이다.'라는 명찰이 중요한 역할을 하게 된다. 그것이 쑥 음료, 양파 분말, 미나리 과자여서는 안 된다. 자신이 일하고 있는 브랜드가 지향하는 비전이나 핵심 가치가 그들의 자부심이 되어야 하는 것이다. '나는 가장 한국적인 원료로 여성의 삶의 질을 높이는 일을 하는 사람이다.'라는 명찰을 달게 해주어야 한다. 자신이 만들고 있는 것이 제품이 아니라 브랜드가 될 때 자연스럽게 동기 부여가 된다.

브랜드 컨설팅을 위한 첫 미팅에서 다양한 형태의 문제점이나 고민거리를 듣고 나서 "아, B라는 브랜드는 이런 일을 하고 있는 거네요."라고 브랜드적인 관점에서 정리를 하면 미팅에 참석했던 사람들의 얼굴에 밝은 빛이 돌기 시작한다. 그동안 자신들이 해왔던 수고가 무엇을 위한 것이었는지에 대한 명찰을 찾았기 때문이다. 브랜딩은 내부 조직원들에게는 자신이 하는 일에 대한 명분이 되고 그 명분은 사발성을 강화하고 조직의 효율성을 높이는 역할을 한다. 이보다 더 강력한 동기 부여가 있을까?

'피크Pieke'라는 이름을 가진 친환경 페인트 제품을 만드는 기업의 대표를 비롯한 몇 분이 컨설팅을 위해 사무실을 방문했다. 누구나 쉽게 칠할 수 있고, 칠이 마른 후에 원하면 칠 전체를 쉽게 떼어낼 수 있는 획기적인 제품이었다. 이 제품을 홍보하고 마케팅하기 위해 나름대로 다양한 활동을 했지만, 이렇다 할 만한 성과가 없어 고민을 하고 있는 상태였다.

이야기를 듣고 나서 우리 팀의 한 사람이 이런 질문을 했다. "왜 피크라는 제품을 페인트라는 카테고리에 넣어 경쟁하는 거죠?" 정확한 지적이었다. 피크가 하는 역할은 페인트와 다르지 않았지만, 기술적인 배경을 들여다보면 기존의 페인트와는 전혀 다른 본질에서 출발한 제품이었다. 그렇기 때문에 마음에 들지 않으면 시간이 지난 후에 쉽게 떼어낼 수 있었던 것이다.

그 질문을 이어받아 내가 이렇게 말했다. "페인트 하지 말고 피크 하세요. 이런 브랜드 슬로건을 쓰면 좋겠네요."

미팅에 참여한 모든 사람의 얼굴에 미소가 돌기 시작했다. 자신들이 그동안 해온 일이 무엇이었는지 그제야 깨달았다는 표정이었다. 그렇게 자신들의 일을 정의하고 나자, 수많은 아이디어와 이야기들이 그 자리에서 쏟아져 나왔다. 아마도 다음 책을 쓴다면, 피크의 성공담을 그 책에 실을 수 있을 것 같다.

브랜딩은 하고 있는 일의 본질을 제대로 정의하는 것이다.
제대로 정의된 본질은 조직원에게 자부심의 명찰을
달게 해준다.

피크

잘 만든 비전이
브랜드를 제대로 키운다

17

Q.

"현재는 가성비가 좋은 심플한 디자인의 식기류를 생산하고 있습니다. 온라인을 통해 지속적으로 매출이 늘어나고 있는 상황입니다. 머지않은 미래에 한국의 무인양품 같은 브랜드가 되는 것이 꿈입니다. 이럴 때 비전은 어떤 것이 되어야 할까요?"

브랜드에 대한 인식이 보편화하면서 웬만한 규모의 기업 홈페이지에 들어가면 그 기업의 꿈(비전), 미션 같은 것들이 나와 있다. 형식을 제대로 갖춘 것을 보면 꽤 많은 돈을 들여 컨설팅을 받고 만든 모양새이다. 그런데 그 꿈을 들여다보면 너무 크고 넓어서 무엇이 되겠다는 건지 감을 잡기 어렵다. 대부분의 비전이 고객의 행복을 추구하고, 앞선 문화를 만들어가고, 풍요로운 세상을 꿈꾸는 일 같은 것에 대해 말하고 있다.

하는 일이 다양한 큰 그룹의 경우에는 비전을 구체적으로 정하는 것 자체가 힘드니 그럴 수 있겠다 싶긴 하다. 하지만 작은 브랜드는 달라야 한다. 위에서 예로 든 것 같은 절대선 수준의 비전은 지양해야 한다. 저렇게 큰 꿈은 큰 브랜드, 큰 기업의 몫으로 남겨두자.

이 질문부터 고민해 보자. '브랜드가 되기 위해 비전은 필요한 것인가?' 특히 가까운 미래조차 걱정해야 하는 작은 브랜드에게 비전을 정하는 일은 도움이 되는 일일까? 그렇다. 가까운 미래를 걱정해야 하는 상황일수록 더욱더 그렇다. 무슨 기준으로 오늘 발등에 떨어진 문제의 해결책을 결정해야 할까? 몇 가지 가능한 해법 중에서 어떤 것을 택하는 것이 가장 효과적인지 판단하려면 비전이 필요하다. 반대로 상황이 호전되어 잘나갈 때에도 비전의 역할이 중요하다. 잘나갈 때 꿈과 상관없는 길로 들어섰다가 존재감을 잃은 작은 브랜드를 꽤 많이 알고 있다. 꿈을 가진 자와 그렇지 않은 자의 차이는 이것 말고도 많다.

그러면 작은 브랜드의 비전은 얼마나 구체적이어야 할까? 무엇보다 세상이 많이 달라졌다. 슈바이처 박사나 이순신 장군과 같은 훌륭한 사람이 되겠다고, 꿈이 대통령이나 과학자라고 말하는 요즘 아이들이 얼마나 될까? 이 시대를 사는 아이들의 꿈은 이전 세대들에 비해 아주 구체적이고 다양해졌다. 세상이 다변화하고 라이프스타일이 다양화함에 따라서 아이들이 갖는 미래에 대한 계획도 예전처럼 천편일률적이지 않다. 브랜드, 특히 작은 브랜드의 꿈도 그래야 한다.

20세기 고속 성장의 시대에는 빠르게, 크게 성장해서 세계적 수준의 기업이 되는 것이 대부분 기업의 꿈이었을 것이다. 그렇게 꿈을 이룬 정미소도, 작은 상회도, 건설업자도 있었지만, 이제는 아니다. 지금 작은 브랜드가 '세계적인 위상을 가진 기업'이 되겠다고 한다면, 마치 요즘 아이들의 입에서 '조지 워싱턴 같은 훌륭한 대통령이 되고 싶다.'는 말을 듣는 기분이 아닐까 싶다.

작은 브랜드가 가져야 할 꿈은 보다 구체적이어야 한다. 어느 정도 구체적이어야 할까? 정확한 기준이 있는 것은 아니지만, 단기적인 계획과는 구분되어야 할 것이다. 1년 안에 매출을 어느 수준으로 끌어올리겠다는 것은 목표이지 꿈이 아니다. 3년 안에 생산 품목 수를 2배로 늘리겠다는 것은 사업 계획이지 비전이 아니다. 브랜드의 비전은 소비자를 향해야 한다. '이 브랜드가 소비자와 궁극적으로 어떤 모습으로 관계를 맺을 것인가?'가 브랜드의 비전이 되어야 한다.

나는 브랜드의 창업자나 최고 의사 결정자에게 이 브랜드가 만들어낼 마지막 장면End Picture을 떠올려 보라고 권한다. 한 장의 사진으로 묘사해 보라고 한다. 브랜드는 소비자와의 그런 장면을 만들기 위해 애써야 한다. 그게 바로 브랜드의 꿈, 즉 비전을 정하는 방법이다.

아직도 명확히 이해가 되지 않을 것이다. (원래 꿈이란 것이 그렇다.) 하나의 사례가 만들어진 과정을 살펴보면 도움이 될 것이다. (실제 사례를 조금 바꾸어서 구성했다.)

체중 감량이나 몸만들기, 아니면 채식 지향 등 다양한 이유로 자기 관리를 하는 사람들을 위한 식품 브랜드의 제품 기획 프로젝트를 담당했다. 시장에는 이미 다양한 종류의 자기 관리용 식품이 존재하고 있었다. 같은 콘셉트의 제품으로 경쟁하는 것은 의미가 없었다. 기존 제품들이 가지고 있는 공통적인 문제점은 '마지못해' 먹으니 '하다 말게' 된다는 것.

새로운 제품은 이러한 수동적 선택과 실행의 불연속성을 극복할 수 있도록 기획했다. 자기 관리에 철저한 사람들의 행동을 면밀히 분석하고 자기 관리를 위해 섭취하는 다양한 음식의 종류를 탐색해서 제품 콘셉트를 잡았다. 아침에 일어나는 시간부터 수면을 준비하는 시간까지의 상황과 개인적 취향에 따라 식단을 구성해 꾸준히 자기 관리 식이 요법을 실천하는 마지막 모습, 즉 End Picture를 떠올렸다. 그리고 그런 마지막 장면을 위해 이 브랜드가 지향해야 할 세 가지의 가치를 정했다.

첫째, 'I want'. 소비자가 스스로 원할 만큼 매력적인 맛과 특성을 가져야 한다. 둘째, 'I choose'. 소비자가 원하는 것을 골라 구성할 수 있도록 다양한 제품군을 구비해야 한다. 셋째, 'I lead'. 자기 관리식에 대한 소비자의 인사이트를 제품에 반영해 능동적으로 실천할 수 있도록 해야 한다. 세 가지의 가치를 기반으로 이 브랜드가 이뤄야 할 꿈을 이렇게 정의했다. "스스로 원하는 식단을 구성함으로써 지속적인 자기 관리를 가능하게 한다." 이 문장에 멋진 말은 없기만 이 브랜드가 송국에 이루고자 하는 것이 무엇인지 상상할 수 있다.

지속적인 자기 관리를 원하는 소비자는 이 브랜드와 관계를 맺고, 아침 6시에 일어나 몸과 마음을 깨우는 차로 아침을 시작한 후, 그래놀라, 그릭요거트, 주스, 샐러드, 수프, 에너지바 등 다양한 형태의 다이어트 식품을 입맛에 맞게 골라 먹으며 하루에 필요한 에너지를 건강하게 섭취하고, 저녁 잠자리에 들기 전에는 마음을 진정시키고 수면에 도움이 되는 음료로 하루를 마무리하게 될 것이다. 이렇게 브랜드의 비전과 브랜드가 지향해야 할 가치를 정해 놓으면 어떤 제품을 어떻게 개발해야 하는지, 그 사용법과 디자인은 어떠해야 하는지 등의 문제를 결정하는 일이 명확하고 수월해진다.

'세상을 더욱 건강하게 만든다.'라는 비전으로는 무엇을 어떻게 해야 하는지 판단하기 어렵다. 비전은 이 브랜드가 완성되었을 때, 소비자의 삶을 어떻게 변화시킬지 구체적으로 묘사하는 것이어야 한다. 그래야만 그 꿈을 이루기 위해 지켜야 할 가치가 어떤 것인지 규정할 수 있고, 브랜드를 만드는 과정에서의 사소한 일 하나까지도 그 실행 여부나 방법 등을 객관적인 기준으로 결정할 수 있게 된다.

브랜드는 두 번 만들어진다. 그 첫 번째는 브랜드를 시작하는 사람의 머릿속에서 만들어진다. 남이 부러워할 만한 구체적인 꿈을 가지고 있다면 브랜드는 이미 성공의 입구에 들어선 것이다.

———————

비전을 구체화할 수 있는 브랜드가 성공할 확률이 높다.
구체화된 비전이 성공한 브랜드의 모습이기 때문이다.

문제를 모르는 것이 문제다

18

Q.

"저와 제 친구는 N이라는 화장품 브랜드를 만들어 운영하고 있습니다. 둘 다 화장품 유통이나 제조와 관련한 일을 해왔기 때문에 제품을 만드는 것은 크게 어렵지 않았습니다. 그런데 어떻게 마케팅을 해야 하는지 도무지 감이 잡히질 않아요. 우리 둘은 눈만 쳐다봐도 무얼 어떻게 해야 하는지 아는데, 마케팅을 담당하는 직원들은 우리 생각과는 전혀 다른 일을 하고 있는 것 같아요. 우리가 생각하는 브랜드는 뭔가 자기만의 생각이 있어서 멋져 보이는 사람들이 무심한 듯 곁에 두고 쓰는 그런 쿨한 이미지였으면 좋겠는데, 그런 일들이 우리 뜻대로 되지 않는 것 같아서 난감합니다."

사실 이것은 작은 브랜드만의 문제가 아니다. 지금껏 경험해 왔던 수많은 프로젝트의 시작들도 대부분 이러했다. 그것이 광고 대행사 선정을 위한 경쟁 프레젠테이션이든, 브랜드 컨설팅을 위한 의뢰이든 대부분의 경우 RFP(Request For Proposal)가 그 출발점이 되는데, RFP는 어떤 형식으로 적혀 있든 '우리 브랜드가 처한 문제 해결을 위한 좋은 답을 달라.'가 그 골자이다. RFP를 받아보면 그 프로젝트의 난이도가 대충 점쳐진다. 문제가 무엇인지 명확하게 설명되어 있고 그 문제에 고개가 끄덕

157

여지는 경우에는 '좋은 답'을 내는 일이 훨씬 수월하지만, 그렇지 않은 경우에는 마지막 순간까지 생고생을 하기 십상이다. 데드라인을 며칠 남겨놓고 나서야 비로소 '그게 문제가 아니었네…'라는 깨달음이 오기도 한다. 상황을 다시 뜯어보면 전혀 새로운 각도에서 문제가 보인다. 이렇게 답을 찾은 경우, 프레젠테이션은 '사실 문제는 그것이 아니었습니다.'라는 말로 시작된다. 전혀 다른 시각으로 바라본 답을 제시했을 때, 그것이 긍정적으로 받아들여질 확률은 대충 반반이다. 하지만 그것이 받아들여졌을 때 프로젝트가 성공적으로 끝난 확률은 상당히 높다.

전문 인력으로 구성된 마케팅팀을 가진 큰 브랜드에서도 '뻔한' RFP를 만드는 경우가 많다. 그것은 대부분 문제를 대증적으로 바라보는 관성적 태도 때문이다. 몸에서 열이 나는 것이 문제이긴 하다. 하지만 이것을 문제로 인식하는 순간 할 수 있는 일은 해열제를 쓰는 것뿐이다. 열이 나는 원인에 대한 통찰력 있는 분석이 반드시 필요하다. 물론 어떤 경우에는 단순히 열만 낮춰주면 문제가 해결되기도 하지만 고열이 발생하는 근본 원인을 해결하지 않으면 안 되는 경우가 많다. 통찰력 있는 마케터라면 문제의 뿌리를 찾아 들어가야 한다.

또 다른 경우, 브랜드가 겪고 있는 문제의 원인을 엉뚱한 곳에서 찾기도 한다. 브랜드가 처한 상황을 객관적 시각으로 바라보지 못하기에 생기는 문제이다. '제품에는 문제가 없는데…'로 이야기가 시작되는 경우가 대부분 이에 해당한다. 이런 경우에는 참으로 난감하다. '제품이 문제입니다.'라는 문제를 제기해야 하는데, 이것은 이미 낳아 놓은 아이를 다시 낳자는 말이니 차마 입이 떨어지지 않는다. 일을 하지 않겠다는 말밖에 되지 않으니 말이다. 용기를 내어 몇 번 말을 꺼낸 적이 있지만, 왜 제품이 그럴 수밖에 없는지에 대한 구구한 설명 아니면, '당신들이 이 제품에 대해서 나만큼 알아!'라는 항변이 돌아올 뿐이었다.

위의 사례를 한 시간가량 듣고 나서 문제가 무엇인지 감이 잡혔다. "우리 둘은 눈만 쳐다봐도 무얼 어떻게 해야 하는지 아는데"가 문제였다. 화장품 업계에서 오랜 기간 일을 하며 경험을 쌓았던 두 사람은 N이라는 브랜드를 어떤 모습으로 만들어갈지 말하지 않아도 공유하고 공감할 수 있었지만, 정작 그 브랜드를 마케팅해야 하는 담당자는 그렇지 못했던 것이다.

나는 그 부분에 대해 이야기했다. "N이 추구하는 아름다움을 두 분은 잘 알고 계신 것 같은데, 그걸 누구나 공감할 수 있는 하나의 단어로 정의하면 좋을 것 같습니다. 그 단어(브랜드의 핵심 가치)를 기반으로 '자기만의 생각이 있어서 멋진 사람'이 어떤 사람인지 좀 더 구체적으로 묘사해 보시기 바랍니다('10. 한 명의 페르소나를 찾아라'에서 이야기하는 Brand Persona). 그렇게 하고 나면, 어떤 경로를 통해서 브랜드를 커뮤니케이션 해야 할지, 어떤 느낌과 성격으로 콘텐츠를 만들어야 할지가 명확해질 겁니다. 이런 것들을 누가 봐도 이해할 수 있도록 글로 써보세요. 그게 없는 것이 문제입니다."

물론 N이 추구하는 브랜드의 모습을 명문화한다고 해서 모든 문제가 해결되는 것은 아니다. 하지만 그것이 문제를 해결하는 입구이다. 문제를 해결하기 위해서는 올바른 입구부터 찾아야 한다. 산의 정상에 오르기 위해서 가장 효율적인 루트의 입구에서 출발하듯이 말이다. 그렇게 산에 오르기 위해 우리는 보통 어떻게 하는가? 지도를 펴고 주변을 포함한 큰 그림을 먼저 본다. 문제 인식도 그래야 한다. 큰 그림을 객관적 시각으로 봐야 한다. 이것을 방해하는 것은 '하던 대로', '알던 대로' 문제를 정의하는 태도이다.

국내 최초로 등장한 드럼형 세탁기, 트롬의 론칭 초기 이야기이다. 세로형의 통돌이 세탁기가 전부였던 시장에 가로로 누운

드럼형 세탁조가 돌아가는 세탁기의 등장은 뉴스임에 분명했는데, 판매가 생각보다 저조했다. 그 문제를 해결하기 위해 당시 내가 일했던 광고 회사가 구원 투수로 선정되었다. 광고주로부터 받은 오리엔테이션의 골자는 '기존 세탁기 대비 세탁력이 뛰어난 제품을 제대로 알리지 못해 잘 팔리지 않고 있으니 광고를 잘 만들어 달라.'는 것이었다. 우리의 생각은 달랐다. 비싼 가격이 가장 큰 걸림돌이었다. 기존 세탁기 대비 두 배 이상의 높은 가격을 지불할 명분이 약해 보였다. 그 장벽을 멋진 광고 크리에이티브만으로 넘을 수 없다고 판단했다. 뛰어난 세탁력을 가진 세탁기에 비싼 가격을 지불할 명분을 찾아야 했다. 세탁력이 뛰어나야 하는 이유를 소비자의 입장에서 고민했다. 그래서 나온 카피가 "오래오래 입고 싶어서"이다. 아끼던 비싼 옷을 세탁기에 잘못 넣어 망가트린 소비자의 경험에서 찾아낸 카피였다. 그렇게 망가진 옷의 값을 생각하면 '좀 비싼 세탁기 가격'쯤이야 별것 아니라고 생각하게 만들자는 전략이었다. 성공적이었다. 누군가는 "오래오래 입고 싶어서"를 좋은 카피라고 정의할지 모르겠다. 하지만 그건 단순한 카피 한 줄이 아니다. 문제를 새롭게 바라본 끝에 나온 해결책인 것이다.

문제를 제대로 짚으면 최선의 답을 내지는 못하더라도, 잘못된 길에서 헤매는 일은 없다. 앞서도 이야기했지만 이것은 작은 브랜드만의 문제는 아니다. 하지만 창업 초기부터 모든 문제를 창업자 혼자 해결해야만 하는 숙명을 안고 사는 작은 브랜드에게 문제를 제대로 인식하는 일은 절대적으로 중요하다. 잘못된 길에서 헤매다가 다시 돌아와 새로 시작할 능력이 큰 브랜드에 비해 현저히 떨어지기 때문이다.

일단 '내가 모든 문제를 알고 있다.'라는 태도에서 벗어나야 한다. '내 제품이나 아이디어가 틀렸을 수도 있다.'라는 지점에서부터 출발하자. 기상 캐스터가 오늘의 날씨를 이성적 태도로 바라보듯이, 객관적인 시각으로 큰 그림을 보는 일부터 시작해야 한다. 해결되지 않는 문제와 씨름하고 있다면 잘못된 문제를 풀고 있는 건 아닌지 의심해 보길 바란다.

———————

잘못된 문제 인식이 잘못된 해법의 원인이다.
문제의 문제, 그 문제의 문제가 무엇인지 찾아 들어가라.

지역 사회의 일원이 되라

19

"어릴 적부터 살던 동네에서 작은 서점을 시작하려고 합니다. 부모님으로부터 물려받은 단독 주택을 개조해서 인테리어를 마무리 중입니다. 다른 작은 서점들과 무엇으로 차별화할 수 있을지 생각하고 있는데, 서점이라는 카테고리 내에서 생각할 수 있는 아이디어가 제한적이어서 고민입니다."

미국 뉴욕 브로드웨이에서 1984년부터 샌드위치 가게를 해왔던 한국 이민자의 이야기가 뉴스가 된 일이 있다. 39년 동안 한 자리를 지켜왔던 '스타라이트 델리'라는 작은 가게의 이야기인데, 이 가게가 문을 닫게 되었다는 소식을 들은 단골손님들이 가게 앞으로 몰려와 은퇴식을 열어주었다. 합창으로 그의 은퇴를 축하해 주며 십시일반 모은 성금을 전달하기도 했다. 브로드웨이를 오가는 사람들에게 다정한 이웃집 아빠 같은 역할을 했던 사장님에 대한 고마움을 표현한 것이었다. 이것은 샌드위치 가게 사장님 개인에 대한 고객들의 마음인 동시에 작은 동네 가게에 대한 감정이었을 것이다.

이 일은 그 배경이 뉴욕이라는 점, 그 운영 주체가 한국 이민자라는 점에서 뉴스거리가 되었는지 모르겠지만, 동네를 거점으로 한 브랜드가 그가 속한 지역 사회의 시민으로서 역할을 했다는 점에서 의미를 갖는다.

브랜드는 자신이 속한 커뮤니티에서 함께 살아가는 시민이 되어야 한다. 이 역시 '브랜드는 사람'이라는 나의 주장과 맥을 같이하는 명제이다. 큰 브랜드라면 그가 속한 나라를 위해 선의의 시민 의식을 발휘해야 하고, 지역 사회를 터전으로 하고 있는 작은 브랜드라면 그 지역에 도움이 되는 시민으로서 역할을 해야 한다. 이것을 '브랜드 시민 정신Brand Citizenship'이라고 한다. 제품이나 서비스를 사고파는 관계를 뛰어넘어 서로에게 의미가 되는 공생의 관계를 만들어가는 일이 중요하다.

큰 브랜드들이 CSR(Corporate Social Responsibility: 기업의 사회적 책임)이라는 이름 아래 하고 있는 활동들이 사람들로부터 큰 공감을 얻지 못하는 이유는 '그가 나와 같은 커뮤니티에서 함께 살고 있다.'는 느낌을 주지 못하기 때문이다. 즉, 브랜드와의 연관성, 자발성, 진정성 등이 잘 느껴지지 않기 때문이다. 무조건 ESG(Environmental, Social and Governance: 기업의 사회·환경적 활동까지 고려하여 기업의 성과를 측정하는 기업 성과 지표)를 외치며 지역 사회 공헌 프로그램을 운영한다고 그 기업이나 브랜드가 인정받을 수 있는 시대가 아니다.

자신이 속한 지역 사회와 함께 살아가며 그 지역을 대표하는 로컬 브랜드로 성장하고 있는 사례 중 하나가 '핸드픽트 호텔'이다. 핸드픽트 호텔은 전체 객실이 43개인 작은 호텔이다. 서울 중심가도 아닌 동작구 상도동에 2016년 문을 연 이 작은 호텔은 2018년 세계 트렌드 리너늘이 애독하는 잡지 『모노클』이 선정하는 100대 호텔에 들었다. 이 동네 토박이인 김성호 대표가 1972년부터 그의 할아버지가 주유소를 운영하던 자리에 세운 동네 호텔이다.

이 호텔 옥상에 올라 오래된 주택이 모여 있는 상도동의 전경을 바라보면 동네 호텔이란 말이 잘 어울린다는 생각이 든다. 동네 주민들이 호텔에 편하게 드나들 수 있도록 호텔 프런트도 1층이 아닌 9층에 배치했다. 호텔 안에 한식당을 운영하고 있지만, 투숙객들이 동네를 잘 즐길 수 있도록 상도동의 맛집이나 오래된 가게 등의 정보도 제공하고 있다. 실제로 이 호텔을 이용하는 고객의 45%가 동작구민이라고 한다. 집수리를 위해 장기간 머무는 지역 주민들의 수도 꽤 된다고 한다. 이뿐만 아니라 이 호텔 때문에 상도동을 방문한 외국인의 숫자도 1만 명을 넘으니 동네 경제에도 큰 도움이 되었다고 할 수 있을 것이다. 이곳에서 머문 외국인들은 서울 도심의 모습과는 사뭇 다른 동네의 사람들이 살아가는 현장을 보면서 좀 더 생생한 서울을 느끼고 돌아갔을 것이다. 브랜드가 오랜 동네 주민의 한 사람으로 역할을 하고 그 동네와 하나가 되고 있는 좋은 사례이다.

프랜차이즈 매장 수를 늘려가고 있는 햄버거 브랜드인 '힘난다 버거'로부터 마케팅 계획 수립을 함께 하자는 제안을 받았다. 유산균을 활용한 푸드테크를 보유한 기업으로 그 기술로 만들어진 패티와 빵의 품질이 경쟁력이었다. 하지만 괜찮은 맛과 품질의 햄버거를 먹고 '힘 난다.'라고 말하는 것은 설득력이 없는 방법이다. 괜찮은 맛과 품질 그리고 합리적인 가격은 좋은 브랜드를 만들기 위한 필요조건일 뿐이다. 이 브랜드의 창업자가 가지고 있는 선의를 믿고 이런 아이디어를 제안했다. 프랜차이즈 비즈니스의 근간이 되는 '동네'를 응원하자고 했다.

힘난다 버거의 매장이 위치한 동네의 특성에 맞추어 동네 응원 메시지를 정했다. 매장 앞을 지나다니는 사람들이 그 메시지를 보고 작은 힘을 얻을 수 있도록, 보통 매장 유리창에 붙이는 커다란 제품 사진 대신 응원 메시지를 적어 넣기로 했다. 예를 들면, 직장인이 주 고객인 동네에는 '점심 먹고 근처에 있는 공원 산책을 하고 들어가라.' 하면서 근처 공원의 위치를 알려주고, 반려견과 산책하기 좋은 신도시 아파트 단지에 위치한 매장에는 '반려견과 함께 만 보 걷기를 실천하라.'고 격려하면서 매장 앞에 강아지를 위한 물과 배변 봉지를 비치하자는 아이디어를 제안했다. 모든 매장에 적용하지는 못했지만, 일단 6개의 주요 매장에서부터 시작하기로 했다. '우리 버거 먹고 힘내세요.'와 같은 제조자 중심의 일방적 주장이 아니라, 동네에 위치한 매장이 선량한 주민의 한 사람으로서 작지만 따뜻한 말 한 마디를 주민들에게 건네자는 제안이었다.

이 캠페인이 성공적으로 진행된다면 매장이 위치한 동네 주민과의 작은 감정적 연결 고리가 생기는 것은 물론이고 이러한 본사의 의도에 동의하는 예비 점주를 모집하는 일에도 도움이 될 것으로 기대된다.

한발 더 나아가, 직접적으로 지역 경제 활성화에 앞장서고 있는 브랜드들도 많다. 그중 눈에 띄는 브랜드가 'Madehere PDX'이다. PDX는 포틀랜드 국제공항 코드로, 포틀랜드의 아티스트나 소상공인들, 또는 스타트업이 생산하는 다양한 라이프스타일 제품을 파는 편집 숍이다. "Support local, doing it proudly"를 모토로 지역 사회의 기업과 브랜드를 자랑스럽게 소개하는 이곳은 포틀랜드를 방문하는 관광객들의 랜드마크 중 하나로 자리 잡고 있다. 포틀랜드를 더욱 포틀랜드답게 만들고 있는 브랜드이다.

────────

지역 사회의 일원으로서 선한 영향력을 행사하라.

브랜드의 존재가 동네의 자부심이 될 것이다.

핸드픽트 호텔

Madehere PDX

환경 이슈에 현명하게 대처하라

20

Q.

"새로운 개념의 식품 보관 용기를 제조하는 기업의 마케팅 담당자입니다. 환경과 밀접한 관련을 가진 제품이어서 친환경을 주제로 소비자 캠페인을 하면 어떨까 생각하고 있습니다만, 친환경의 범위가 워낙 넓고 다양해 어떻게 접근하는 것이 효과적일지 고민하고 있습니다."

2020년 세계 최대의 자산 운용사인 블랙록Black Rock의 CEO 래리 핑크가 피투자기업의 대표들에게 보낸 서한으로 촉발된 ESG라는 개념은 수많은 기업에 들불처럼 번져 나갔다. 그동안 이 많은 기업들이 환경과 사회 문제 그리고 지배 구조에 대한 관심을 어떻게 참아왔을까 하는 냉소적인 생각이 들 정도이다. 마지못해 세금처럼 납부하는 기업의 ESG 활동은 과연 사회에 긍정적 영향을 미칠 수 있을까?

환경 등의 사회 문제만큼 진정성을 필요로 하는 일이 또 있을까? 이런 일에는 진정성이 절대적으로 작동한다는 사실을 보여준 것이 모두가 잘 아는, 아웃도어 브랜드 파타고니아의 사례이다. 소비재 회사들이 물건을 하나라도 더 팔기 위해 총력을 기울이는 블랙 프라이데이에 '이 재킷을 사지 말라'는 비범한 캠페인을 벌이며 환경에 대한 관심을 표출한 이후, 토지의 지속 가능성을 위해 '컨자'라는 곡물로 맥주를 만들어 세상을 놀라게 하기도 했다. 환경에 대한 파타고니아의 진정성은 이본 쉬나드 회장이 2022년 쉬나드 일가의 지분 전체를 넘기면서 그중 98%를 기후 변화를 위한 비영리 재단에 기부함으로써 완벽하게 증명되었다. 기업과 브랜드가 환경 이슈에 어떻게 대응해야 하는지 보여주는 모범 답안이라고 할 수 있다.

모든 기업이 파타고니아처럼 할 수는 없을 것이다. 하지만 환경 문제에 진정성을 가지고 대처하는 것은 이 시대의 소비자들과 관계를 맺는 훌륭한 방법 중 하나임은 분명하다.

위 질문의 경우와 같이 제품이나 서비스가 환경과 밀접한 관련성이 있을 때에는 더할 나위 없을 것이다. 문제는 어떻게 해야 그것이 비즈니스에 긍정적 지렛대로 작용하며, 궁극적으로 브랜드의 자산이 되도록 할 수 있느냐이다.

무엇보다 행위의 지속성이 중요하다. 한두 번 하고 말 것이면 하지 않는 것이 낫다. 아무리 멋지고 기발한 아이디어라 하더라도 지속되지 않으면 브랜드의 자산이 되기 힘들다.

'햇반'의 사례를 보자. 즉석 밥의 대명사인 '햇반'은 연간 5억 개

이상이 팔리는 영향력을 가진 브랜드이다. 이 브랜드는 환경과 어떤 연관성이 있을까? 제품의 특성상 불가피한 플라스틱 용기의 재활용 문제가 큰 숙제일 수밖에 없다. 용기 1개당 약 10g 이니 연간 5,000톤 이상의 플라스틱 폐기물을 발생시킨다. 심지어 5%의 다른 성분이 포함된 복합 플라스틱이어서 분리수거 시 '기타'로 분류된다. 이 문제를 해결하기 위해 CJ제일제당은 2022년 소비자가 사용한 햇반 용기를 직접 수거하는 '지구를 위한 우리의 용기'라는 캠페인을 진행하기로 했다.

이 캠페인에 참가하려는 소비자는 CJ제일제당의 자사 몰에서 수거 박스가 함께 담긴 햇반 기획 세트를 구매한 뒤, 사용한 햇반 용기 20개 이상을 택배사를 통해 돌려보내면 된다. 이에 대한 보상으로 소비자는 CJ ONE포인트 1,000점을 받고, 수거된 햇반 용기는 명절 선물 세트 트레이 등으로 재탄생된다. 당시의 신문 기사를 찾아보니 첫해 400만 개의 용기를 회수하는 것이 목표라고 나와 있다.

결과는 어땠을까? 1년이 지난 뒤 기사를 찾아보니, 실제로는 30톤 정도를 회수하는 데 그쳤다고 한다. 이 캠페인에 참여하기 위해서 소비자는 너무 많은 '수고'를 해야만 했기 때문이다. 평소에 사용하지 않던 CJ제일제당의 자사 몰인 CJ더마켓을 찾아 들어가 구매한 뒤, 깨끗이 씻은 20개의 플라스틱 용기를 모아 택배를 통해 보내야 한다. 그리고 얻는 것은 환경 운동에 동참했다는 자부심과 CJ ONE포인트 1,000점이다.

물건을 포장 없이 판매하는 매장인 제로웨이스트 숍의 이야기를 해보자, 2014년 독일 베를린에서 'Original Unverpackt'라는 무포장 슈퍼마켓이 탄생했다는 뉴스를 보고 세상에 꼭 필요한 아이디어라고 생각했었다. (독일어 이름의 의미는 '원래 포장되어 있지 않음'이다.) 채소, 과일, 꿀, 커피 등 600여 가지의 식재료를 포장재 없이 판매하고 소비자들은 직접 포장지, 용기, 장바구니 등을 준비해 물건을 사 가는 획기적인 방식이었다. 이런 방식의 제로웨이스트 숍은 이후 여러 나라로 번져 나갔는데, 우리나라에도 '덕분애'나 '알맹상점' 등과 같은 제로웨이스트 숍이 꽤 많이 생겨났다. 바람직한 현상이다.

하지만 2023년 관련 기사를 찾아보면 10% 이상의 제로웨이스트 숍이 문을 닫았다고 한다. 고물가의 여파로 상대적으로 값이 비싼 친환경 제품에 대한 열기가 시들해졌기 때문이라는 분석이다. 안타까운 일이다. 불황이 일시적인 현상이라 치더라도 이런 식의 구매 형태가 보편적으로 확대되는 일이 쉽지 않음을 보여주는 단면이다.

파타고니아는 환경 이슈를 브랜드의 자산으로 만들었다. 햇반의 용기 회수는 성공적으로 지속되지 못했고, 제로웨이스트 숍들은 비즈니스를 지속적으로 성장시키는 데 어려움을 겪고 있다. 근본적인 차이가 무엇일까? 파타고니아의 고객들은 특별히 해야 하는 일이 없다. 파타고니아의 생각에 동의하면 그것으로 충분하다. 모든 수고는 파타고니아의 몫이다. 반면 햇반의 용기 회수 캠페인 참여자는 얻는 것에 비해 해야 하는 수고가 크다. 제로웨이스트 숍 고객들의 경우도 마찬가지이다. 환경을 지키기 위해 수고와 불편을 감수해야 한다.

소비자는 냉정하다. 어떤 브랜드와 관계를 맺음으로써 얻게 되는 효익의 합보다 지불해야 하는 비용의 합이 크거나, 효익의 합이 크더라도 그 차이가 유의미하지 않으면 지속적인 관계를 맺지 않는다. 비싼 가격과 불편한 접근성을 감수하고 공정무역 커피를 구매하는 소비자에게는 자부심이라는 효익이 클 것이나, 이런 자부심이 보편적이길 기대하는 것은 비즈니스적인 관점에서는 무리이다.

브랜드가 환경 이슈를 활용하는 가장 좋은 방법은 진정성을 기반으로 브랜드가 모든 것을 해결하고 소비자는 그 브랜드를 구매하는 일만 하게 하는 것이다. 하지만 이런 방식을 모든 브랜드가 채택하는 것 또한 비즈니스적으로 어려운 일이다.

일반적 소비자의 효익(B)에서 소비자가 지불해야 하는 추가적인 수고(E)를 뺀 값(V)이 가능한 한 커지도록 하는 것이 핵심이다. 'B-E=V'라는 공식을 만들어 소비자가 인지할 V값이 얼마인지 생각해 보자. 가능한 한 B를 키우고 E를 줄이는 아이디어를 내는 것이 중요하다.

다양한 종류의 환경 관련 상품들이 시장에 속속 등장하고 있는 가운데, 자신을 자연 유래 굿 케미컬 리빙 브랜드라고 정의하는 '마켓올슨'의 움직임이 눈에 띈다. 최근 그들의 활동을 보면서 브랜드가 빠르게 진화하고 있다는 느낌을 받는다. 사용법은 소비자의 불편을 덜어주는 쪽으로 개선되고, 꼭 있었으면 하는 제품들이 새롭게 개발되고 있다. 세탁 세제의 경우 원액을 물과 8 대 2의 비율로 섞어 쓰기만 하면 된다. 가장 최근에 출시된 빨아 쓰는 다회용 행주는 V값이 대단히 높은 제품이라고 생각한다. 환경을 생각하는 사람들은 천으로 만든 행주를 사용하는데 E값이 큰 편이어서 불편하다. 반면 일회용 키친타월의 경우는 E값은 낮지만 일회용품 사용이 주는 미안함이 B값 역시 낮추기 때문에 V값이 낮아질 수밖에 없다. 마켓올슨의 다회용 행주는 10회 이상 빨아 쓸 수 있기 때문에 천 행주의 효용성과 일회용 키친타월의 편리성을 함께 누릴 수 있다. 다소 비싼 가격이 E값을 높이지만 만족할 만한 V값을 제공해 준다. 환경과 관련된 비즈니스를 하는 브랜드라면 참고해 볼 만한 사례이다.

———————

환경 이슈를 브랜드 자산으로 만들고 싶다면

소비자가 받는 효익을 키우고 수고는 줄여야 한다.

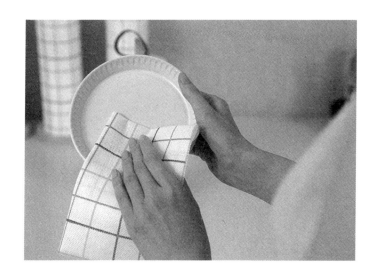

마켓올슨

도전자여, 뉴스를 만들라

21

Q.

"반려견 용품과 식품을 생산하는 작은 기업을 운영하고 있습니다. 나름대로 브랜드의 핵심 가치를 설정하고, 시장을 좁혀 론칭할 준비를 하고 있습니다. 문제는 목표로 하는 소비자들에게 존재를 알리기 위한 마케팅 예산이 많이 부족하다는 것입니다. 새롭게 시작하는 작은 브랜드의 숙명이겠지만, 묘책이 없을까요?"

그동안 해왔던 광고 캠페인이나 브랜드 컨설팅 등의 작업을 돌아보면, 1등 브랜드를 위해 일했던 시간보다 도전자 브랜드를 위해 일했던 시간이 훨씬 많다. 아니, 거의 대부분이었다고 해도 지나치지 않다. 그러다 보니 위의 질문에서 나온 '작은 브랜드의 숙명'이란 표현에 공감의 차원을 넘어 뭔가 마음속에 짠함이 밀려든다. 도전자나 언더독, 또는 작은 브랜드는 시장에서의 열세를 더 적은 자원으로 극복해야만 하는 서글픈 운명을 가지고 있으니 말이다. 적은 자원으로 도전자가 시장을 뒤집는 것은 1등 브랜드가 큰 실수를 하지 않는다면 논리적으로 해결되기는 어려운 과제이다.

하지만 그런 일은 심심치 않게 일어나기도 한다. 개인적으로도 뒤집기에 성공한 경험이 꽤 있다. 그런 일들이 어떻게 가능했나 돌아보면 공통점이 발견된다. 정공법을 따르지 않았다는 점이 그것이다. 스포츠에서도 마찬가지이다. 경기력 면에서 열세에 있는 팀이 강팀을 이기기 위해서는 정공법을 써서는 안 된다. 흔히 '허를 찌른다.'고 표현하는 전략을 써야만 한다. 비어 있는 곳을 공략해야 한다는 뜻이다. 여태껏 시도되지 않은 방법을 써야 승산이 있다.

도전자의 전략은 그 자체가 뉴스가 되어야 한다. 그 자체가 뉴스가 된다는 것은 예상하지 못했던 일이라는 뜻이고, 실제로 뉴스가 되어 확산될 수 있다면 가용 예산의 몇 배 효과를 누릴 수 있는 장점이 생긴다. 그렇게 되면 적은 예산으로 상황을 뒤집을 수 있는 가능성이 높아진다.

2000년 3월, 서울 곳곳에 '선영아 사랑해'라는 문구의 플래카드가 나붙었다. 지금이야 이런 수법이 통하지 않겠지만, 당시만 해도 그야말로 장안의 화젯거리가 되었다. 실제로 뉴스가 되어 방송을 타기도 했다. 닷컴 열풍이 불던 2000년, 여성을 대상으로 한 '마이클럽닷컴'이라는 포털의 론칭 캠페인이었다. 비즈니스의 성공 여부와 상관없이 최소한의 비용으로 브랜드를 알리는 데 성공한 캠페인으로 기억되고 있다.

2009년 1월, 작은 인쇄 광고 하나가 전 세계를 떠들썩하게 만들었다. BBC, 로이터 통신 등 세계 유수의 언론이 기사화했다. 호주 퀸즈랜드 주관광청이 낸 '섬지기island caretaker' 구인 광고 이야기이다. 구인 광고의 내용은 이러했다. 퀸즈랜드 주에 위치한 해밀턴 아일랜드의 섬지기로 6개월간 근무하면서 1만 5,000호주달러(1억 3,000만 원)를 급여로 받게 되는데, 해야 하는 업무는 (블로그 유입을 위해 블로그에 자세히 기재되어 있는데) 스쿠버 다이빙을 하면서 물고기 먹이 주기 및 고래 관찰하기, 경비행기를 몰고 우편물 배달하기와 같은 것이었다. 광고의 헤드라인도 'The Best Job in the World'였다. 이 광고는 주요 언론사의 뉴스는 물론이고 구직자들의 자발적인 동영상 유포, 페이스북, 트위터 등을 통해 빠른 속도로 확산하였다. 인쇄 광고 한 장으로 전 세계 30억 명에게 퀸즈랜드의 아름다운 풍광을 자연스럽게 소개하는 효과를 얻었던 사례이다.

다국적 이동 통신사인 티모바일T-mobile이 벌인 캠페인의 일환이었던 플래시몹Flash Mob은 광고 영역의 새로운 지평을 연 계기가 되기도 했다. 2009년 1월 15일 오전 11시 영국 런던의 리버풀역 앞, 광장에서 갑자기 음악이 울려 퍼지자 광장 중앙에 있던 한 남자가 춤을 추기 시작한다. 사람들이 의아한 눈길로 바라보자 주변에 있던 사람들이 하나둘 춤을 따라 추기 시작한다. (물론 짜인 각본에 따라 훈련된 사람들이 춤은 추는 것이었다.) 광장에 모인 수백 명의 사람들이 군무를 추는 장관을 연출하는 동안 주변 사람들은 휴대폰을 들어 그 장면을 동영상으로 촬영한다. 이런 퍼포먼스 선체를 촬영한 동영상 뒤에 "Life's for sharing"이라는 카피 한 줄을 붙여 광고를 만들었고, 이 광고는 다음 해 각종 광고제에서 상을 받았다.

2019년 LG 유플러스의 5G 론칭 캠페인을 진행하게 되었다. 3대 이동 통신 브랜드 중 시장 점유율이 가장 낮은 브랜드였던 유플러스는 경쟁 브랜드 대비 활용할 수 있는 예산이 넉넉지 않은 상태에서 5G 론칭을 시장 반전의 계기로 삼기를 원했다. 쉽지 않은 과제였다. 경험만 한 답은 없다고 생각했다. 지금은 너도나도 하는 것이어서 아이디어라고도 할 수 없는 것이 되었지만, 강남대로 한복판에 '일상로 5G길'이라는 이름의 팝업 공간을 만들었다. 5G로 구현되는 AR, VR 등을 쉽게 체험할 수 있는 놀이터를 만든 것이다. 4월부터 5월 말까지 두 달간 진행되었던 팝업에서 유플러스의 5G 서비스를 25만 명이 넘는 젊은 타깃들이 경험했다. 목욕탕, 리빙룸, 펍 등의 콘셉트로 공간을 구성해서 인스타그램 등 SNS를 통한 확산도 활발하게 일어났다. 경쟁사가 5G 론칭을 위해 사용한 광고비의 10분의 1 정도 되는 비용으로 5G 서비스 론칭을 계기로 경쟁 브랜드와의 점유율 격차를 줄일 수 있었다.

적은 예산으로 무언가 일을 내길 원하는 브랜드들은 항상 '묘책'을 요구한다. 묘책은 '묘한' 책략이고, '묘하다'는 것은 이전에 경험해 보지 않아 뭐라고 규정하기 어렵다는 뜻이다. 하지만 문제는 이전에 경험해 보지 않아 뭐라고 규정하기 어려운 책략은 확신이 잘 서지 않는다는 것이다. 어렵사리 제안한 묘책은 확신이 서지 않는다는 이유로 잘 받아들여지지 않는다.

앞의 사례들을 보면서 감지할 수 있었겠지만, 브랜드의 활동을 뉴스로 만드는 것은 시장을 뒤집을 수 있는 힘이 있지만 한번 사용되고 나면 그 효용 가치가 사라진다는 특징이 있다. 극단적으로 말하자면, 뉴스는 일회용이다. 어떤 브랜드의 활동이 뉴스가 되고 나면 '우리 브랜드도 그런 것을 하면 안 되겠냐?'는 주문을 받곤 한다. 뉴스는 새로울 때에만 news인 것이다. 특종을 하고 싶으면 누구도 다루지 않은 뉴스를 다뤄야 한다.

열세를 극복하고 역전을 하기 위해서는 허를 찔러야 한다.

의식의 빈틈을 제대로 찌르면 뉴스가 된다.

THE BEST JOB IN THE WORLD.

Islands of the Great Barrier Reef, Queensland Australia.

Position Vacant: Island Caretaker

Salary: AUD$150,000 6-month contract

Responsibilities: • Clean the pool • Feed the fish • Collect the mail • Explore and report back

Applications close: 22 February 2009 **Interviews:** 4 May 2009 **Announcement made:** 8 May 2009

Work begins: 1 July 2009

ANYONE CAN APPLY.

www.islandreefjob.com

PPL은 효과가 있을까

22

Q.

"건강한 재료를 이용한 샌드위치 전문점 프랜차이즈를 시작한 지 3년째 되었습니다. 현재 30개 정도의 매장을 오픈했는데, 최근 투자를 유치해 가맹점을 적극적으로 늘려갈 계획을 세우고 있습니다. 드라마 제작사로부터 PPL 제안을 받았는데, 드라마의 내용이나 성격과 저희 브랜드가 잘 맞는지, 적지 않은 예산을 제대로 된 곳에 쓰는 것인지 확신이 잘 서지 않습니다."

광고의 역사는 미디어와 콘텐츠의 발전과 밀접한 연관성을 가지고 있다. 사람들의 눈과 귀가 모이는 곳에 브랜드를 노출시켜 인지도를 높이고 원하는 메시지를 전달하는 것이 광고의 기본적인 기능이기 때문이다. 사람들의 눈과 귀가 동시에 집중되는 텔레비전의 등장은 광고 산업에 있어 하나의 신기원이 되었고, 인터넷의 등장과 발전은 광고의 패러다임 자체를 바꾸는 역할을 했다. 이런 변화의 와중에 한 자리를 차지하고 있는 것이 바로 PPL이다.

Product Placement를 줄여 부르는 PPL은 원래는 영화를 제작할 때 소품 담당자가 각 장면에 필요한 소품을 배치하는 업무를 의미했는데, 콘텐츠로서 영화의 인기와 비중이 커지면서 비용을 지불하고 제품이나 서비스를 노출시켜 광고 효과를 노리는 일을 지칭하는 용어가 되었다.

상업적 의미로서의 PPL이 언제부터 이뤄졌는지는 명확하지 않지만, 공전의 히트를 기록했던 영화 〈ET〉(1982년)에 등장하는 'Reese's Pieces'라는 초콜릿의 사례가 가장 널리 알려진 초기의 PPL이라고 할 수 있다. 영화 속 남자 주인공이 ET를 집으로 유인해 오는 매개체로 쓰인 이 초콜릿은 개봉 3개월 만에 66%의 매출 신장을 기록함으로써 PPL을 새로운 광고 수단으로 등극시켰다.

개인적으로 가장 기억에 남는 PPL의 사례는 〈Sex & the City〉라는 미국 드라마이다. 조금 과장하자면, 이 드라마는 그 시대 하이엔드 패션의 지침서 역할을 했다. 이 드라마에 등장하는 각종 패션 브랜드는 드라마 내용만큼이나 화제가 되어 브랜드의 전 세계적 인지도와 가치 상승에 큰 도움을 받았다. 공식적으로 이 드라마에 등장하는 패션 브랜드들은 의상 및 소품 담당자의 결정에 따른 것이라고 알려져 있지만, 그 내막은 알 길이 없다. 여하간 콘텐츠의 내용과 잘 맞아떨어진 PPL 사례임에는 틀림없다.

이 밖에도 사람들의 기억 속에 남아 있는 성공한 PPL의 사례는 꽤 된다. 〈부시맨〉이라는 영화에 등장했던 코카콜라 병의 경우가 그랬고, 드라마 〈미생〉에서 주인공 장그래가 탕비실에서 타마시던 '맥심 커피'도 성공한 PPL이라고 볼 수 있다.

이렇게 콘텐츠의 내용과 부합하는 브랜드의 PPL이 재미를 보면서 소위 PPL 대행사까지 등장했고, 결과적으로 줄거리를 훼손하면서까지 제품이 억지로 등장하는 과잉 PPL이 시청자나 영화 관객의 눈살을 찌푸리게 만드는 일이 심심치 않게 일어났다.
결론적으로 말하자면, PPL의 효과에 대해 긍정적 평가를 하기는 어렵다. 속셈이 다 드러난 수법이 되어버렸기 때문이다. 특히 적은 PPL 비용으로 그야말로 단역으로 출연하게 되는 브랜드의 경우는 더욱더 그렇다. 콘텐츠 흐름을 방해하는 빌런의 역할을 해 오히려 부정적 이미지를 만들지는 않을까 걱정된다.
마케팅 예산이 충분해 드라마의 줄거리까지 바꿀 수 있는 대형 브랜드의 PPL에 대해서는 별로 할 말이 없지만, 없는 예산을 쪼개서 PPL에 투자하려고 하는 작은 브랜드에게는 다른 방법을 권하고 싶다.

가장 이상적인 방법은 '우연하고도 절묘한 PPL'이다. 2022년 미국 PGA 챔피언십 둘째 날 경기에서 스마트폰으로 타이거 우즈의 사진과 동영상을 찍고 있는 갤러리 사이에서 홀로 미켈롭

맥주 캔을 들고 있던 '미켈롭 가이'가 대표적 사례이다. 그야말로 우연하고도 절묘한 장면이었다. 하지만 이런 일을 인위적으로 만들어내기는 쉽지 않으니 누구나 생각할 수 있는 대안이라고 보기 힘들다. 그렇다면 어떤 방법이 가능할까?

PPL과는 다른 각도로 제품이나 서비스를 영상에 노출시키는 방법 중 하나가 브랜디드 콘텐츠Branded Content이다. 광고주가 제작비를 내서 브랜드의 가치를 알리기 위해 만드는 콘텐츠를 이르는 말이다. 브랜디드 콘텐츠가 PPL과 가장 다른 점은 단순한 브랜드 노출이 아니라, 브랜드가 지향하는 가치나 메시지를 정확하게 콘텐츠 안에 담을 수 있다는 것이다. 콘텐츠의 전체적인 줄거리나 흐름도 브랜드가 지향하는 핵심 가치와 결을 같이하여 구성할 수 있다. 물론 콘텐츠의 내용에 따라 소요되는 제작비가 부담이 될 수도 있으나, 아이디어에 따라 적은 규모의 제작비로도 주목받는 콘텐츠를 만들 수도 있기 때문에 시도해 볼 만한 방법이다.

2012년 선보인 〈Beauty Inside〉라는 6부작의 시리즈가 대표적인 브랜디드 콘텐츠이다. 이 소셜 필름은 'Intel Inside'라는 슬로건으로 잘 알려진 인텔사와 울트라북이라는 노트북을 젊은 세대들의 삶과 연결시키고 싶었던 도시바가 합작하여 만들었다.

한 여자를 사랑하는 알렉스라는 주인공이 매일 아침 다른 몸으로 태어난다는 설정으로 일상생활에서 일어나는 문제들을 기록하는 과정에서 도시바의 울트라북이 매개체로 등장한다. 인텔의 슬로건인 'Intel Inside'는 내면의 아름다움을 강조하는 드라마의 전체 흐름 속에서 자연스럽게 전달되었다. 이 시리즈가 공개되는 시점에 알렉스는 실존 인물처럼 페이스북을 운영하며 다양한 인터랙티브 프로모션을 진행해 약 7,000만 뷰를 달성하는 등 소셜 네트워크상에서 유의미한 퍼포먼스를 기록했다. (잘 아는 것처럼 동명의 영화와 드라마가 한국에서도 제작되었다.)

엄청난 제작비를 들이지 않고도 브랜디드 콘텐츠가 주목받을 수 있다는 것을 보여준 사례는 많다. 2006년 12월, 독보적인 바나나 우유 브랜드인 빙그레 바나나 우유에 대항하기 위해 매일유업은 '바나나는 원래 하얗다'라는 제품을 출시했다. 노란색의 빙그레 바나나 우유의 대척점에 서기 위해 색소 무첨가라는 점을 내세운 것이다. 제품 전략과 그것을 잘 반영한 네이밍도 절묘하다고 생각했다.

이런 제품으로 빙그레 바나나 우유의 아성을 어떻게 공격할 것인가 궁금했었다. 너무나 막강한 1위 브랜드가 버티고 있었기에 신제품을 내면서도 충분한 마케팅 비용을 쓸 수도 없는 상황이었다. 매일유업은 저예산으로 당시 유행하던 UCC 형태의 동영상을 여러 편 제작했다. 주인공은 (매일유업 직원이라 짐작되는) 백 부장이었다. 하얀색 바나나 우유를 만들면서 겪는 반대와 설움 같은 것들이 동영상의 주된 소재였다. 본 광고보다 '백 부장' 동영상은 엄청난 화제를 불러일으켰다. 물론 1위의 자리를 빼앗지는 못했지만, 마땅한 2위 브랜드가 없는 시장에서 2위 브랜드의 자리를 현재도 유지하고 있다.

질문에 나온 샌드위치 브랜드도 위의 두 브랜디드 콘텐츠의 사례를 참고하는 것이 어떨까 한다. 불필요한 브랜드 노출을 최소화하면서 브랜드 메시지에 집중하는 것이 중요하다. 그리고 제품을 돋보이게 하기보다 줄거리를 흥미롭게 만드는 데 집중해야 한다. PPL처럼 드라마의 흐름과 상관없이 브랜드의 장점을 소개하는 대사가 끼어들어 손발이 오그라들게 하는 일이 없어야 한다.

브랜디드 콘텐츠에서 중요한 것은 브랜드 자랑이나 판촉 메시지를 전달하는 것이 아니라 브랜드가 지향하는 핵심 가치를 자연스럽게 타깃과 공유하는 것이라는 점을 명심해야 한다. 브랜드가 하고 싶은 이야기를 밀어내는 것이 아니라 이야기를 듣는 사람이 자연스럽게 브랜드가 추구하는 가치에 동의하도록 만들어야 한다.

콘텐츠의 내용을 방해하는 드러난 브랜드가 되기보다

콘텐츠를 즐기게 해주는 숨겨진 브랜드가 되라.

'중꺾마'가 핵심이다

23

Q.

"기술 특허를 가진 가정용 제품을 생산하는 기업입니다. 나름대로 이 분야에서는 이름을 어느 정도 알렸다고 생각합니다. 최근 브랜딩에 대한 강의를 보면서 브랜딩의 필요성에 대해서는 충분히 공감을 했는데, 과연 이것을 제대로 이루기 위해서 시간이 얼마나 걸릴지, 그런 기간 동안 현업에서 발생하는 문제는 어떻게 대처해야 하는지 무척 궁금합니다."

브랜드 컨설팅이 시작되거나 실제로 브랜딩 작업이 시작되었을 때 가장 많이 받는 질문 중 하나는 '얼마나 걸려야 브랜드가 완성되는가?'이다. 정해진 답은 없다. 하지만 브랜딩에 투자해야 하는 기업 입장에서는 궁금한 것이 당연하다. 브랜딩의 완성은 해당 기업의 업무 진행 속도나 제품의 성격에 따라 달라진다. 경우에 따라 1년 안에 눈에 띄는 변화가 생길 수도 있고, 10년이 모자랄 수도 있다. 게다가 브랜딩의 완성이라는 개념도 생각하는 사람마다 다를 수밖에 없으니 기간을 특정하는 일은 쉽지 않다. 그럼에도 불구하고 브랜딩을 위한 의사 결정이나 내부 공유를 위해서는 큰 틀의 기준이 필요할 것이다.

일반적으로 3년을 그 기준으로 보면 브랜딩과 관련된 판단을 하는 데 도움이 될 듯하다. 일단 새롭게 정의된 브랜드의 핵심 가치를 내부적으로 공유하고, 1단계의 대외 캠페인을 시작하기 위해서는 적어도 1년 정도의 기간이 필요하다. 이후 나머지 2년 정도를 지속적 대외 커뮤니케이션을 통한 핵심 고객층의 형성과 핵심 가치에 기반한 제품이나 서비스의 발전적 변화 등에 투자한다면 브랜드의 틀이 어느 정도 갖춰진다고 할 수 있다.

물론 3년이라는 기간은 브랜딩의 시작을 위해 견뎌내야 하는 시기일 뿐이다. 이후 훨씬 더 멀고 험난한 길을 가야 한다. 하지만 3년의 시간을 견뎌내는 일조차 쉽지 않은 것이 현실이다. 눈에 띄는 큰 변화가 없는 상태에서 브랜딩을 위한 투자를 계속하는 것은 참으로 어려운 의사 결정이다. 판매를 담당하는 부서나 책임자에게는 비효율적인 투자로 보일 수도 있다. CEO의 굳은 의지가 있어야 가능하다. 임기가 정해진 전문 경영인에게 이 역시 어려운 과제일 수밖에 없다. 그러다 보니 1~2년 안에 흐지부지되는 경우가 비일비재하다.

브랜딩의 핵심은 '중꺾마'이다. '중요한 것은 꺾이지 않는 마음'의 줄인 말이다. 브랜딩 작업이 중간에 꺾이지 않기 위해서는 어떻게 해야 할까? 무엇보다 제대로 효과를 발휘할 수 있는 브랜딩 전략이 중요하다. 브랜드의 핵심 가치를 제대로 찾아내 그것을 대내외적으로 공유할 수 있는 메시지와 커뮤니케이션 전략을 개발하는 일이 우선되어야 한다. 그리고 한정된 예산을 효율적으로 배분하고 활용해 가능한 한 캠페인 초기에 시장의 반응을 만들어내야 한다. 캠페인 초기에 소비자의 반응을 얻는 데 어느 정도 성공하더라도 여전히 현실에서 일어나는 여러 가지 문제를 극복해야만 한다.

무엇보다 매출이라는 현실적 문제와의 타협점을 찾는 일이 가장 큰 문제이다. 브랜딩이 매출 상승과 무관한 일은 절대 아니지만, 가격 할인 등의 판촉 활동에 비해 그 효과나 연관성이 직접적이지 않기 때문에 판매 관련 부서나 재무 담당자로부터의 도전을 받는 일이 종종 생긴다.

'브랜드는 사람'이라는 명제를 떠올려보자. 매출이 하루하루의 컨디션 관리라면, 브랜딩은 장기간에 걸친 건강한 몸 만들기라고 할 수 있다. 그날의 컨디션을 위해 약을 먹거나 휴식을 취하는 일과 건강한 몸을 만들기 위해 꾸준히 운동을 하거나 비타민을 복용하는 일은 절대 상치되지 않는다. 균형점을 찾아 시간과 에너지를 배분해야 한다. 컨디션 회복을 위해 운동을 멈추는 일은 핑계일 뿐이다. 이런 경우 브랜딩을 담당하는 측에서도 자신들의 방향만을 고집하기보다는 진행되는 브랜딩 작업과 결을 같이하는 방향에서 매출 향상에 도움이 되는 아이디어를 내는 것이 필요하다.

2000년에 현대신입개발을 위해 'Think Innovation'이라는 캠페인을 진행할 때의 일이다. 이 캠페인과 현대산업개발의 주력 사업인 I'PARK 아파트 분양과의 상관관계를 설득하는 일은 쉽지 않았다. 분양 광고를 담당하는 측에서는 지리적 특장점 등을 활용하는 기존 방식의 분양 광고를 생각하고 있었기 때문에 브랜딩을 위한 광고 캠페인이 도움이 되지 않으며, 그것과 분양 광고가 시너지를 만들 수 있으리라 생각하지 않고 있었다. 일단 'Think Innovation'과 결을 맞추어 "아이파크가 들어오면 도시가 달라집니다."라는 분양 광고 슬로건을 개발했다. 그리고 분양을 앞두고 있던 분당 아이파크 옆 탄천에 조깅 트랙을 깔아주자고 제안했다. 실제로 약 2km의 조깅 트랙이 만들어졌고, 그것을 소재로 브랜드 캠페인을 겸할 수 있는 분양 광고를 제작했다. 아파트 단지 안이 아닌 탄천에 조깅 트랙을 깔았다는 사실은 "아이파크가 들어오면 도시가 달라집니다."라는 슬로건을 행동으로 보여주었고, 결이 다른 광고는 분양을 위한 역할을 더 효과적으로 해냈다. 브랜딩과 매출을 연결시키는 일이 가능하다는 것을 보여주었던 사례이다.

브랜딩이 중간에 꺾이는 또 다른 이유 중 하나는 변화해야 한다는 강박 관념이다. 하나의 캠페인이 6개월 이상 지속되면 새로운 것을 원하는 목소리가 내부에서 나오기 시작한다. 세 가지 요인이 작동하기 때문이다. 첫 번째는 외부의 소비자들이 메시지를 접하는 횟수나 강도에 비해 실제로 캠페인을 집행하는 사람들은 메시지가 더 빨리 닳는 것처럼 느낄 수 있기 때문이다. 즉, 메시지가 너무 많이 노출되어 효과가 마모되었다고 착각하는 것이다. 자신이 내보낸 메시지에 늘 집중하는 사람과 어쩌다, 그것도 반강제적인 상황에서 메시지에 노출되는 사람과의 차이를 인정해야 한다.

두 번째는 크리에이티브는 뭔가 계속 새로운 것을 만들어내는 것이라는 착각 때문이다. 물론 크리에이티브는 새로워야 한다. 문제는 전체적인 방향성 자체를 새롭게 기획하는 것을 크리에이티브라고 착각하는 것이다. 일관성 있는 크리에이티브를 통해 브랜드의 이미지를 쌓아온 앱솔루트 보드카가 좋은 사례가 될 것이다.

1979년 스웨덴에서 탄생한 앱솔루트 보드카는 후발 브랜드로서 미국 시장에 진출하면서 차별화된 병 모양을 크리에이티브

의 소재로 삼고, 병과 다양한 주제를 결합한 'Absolut ○○○'
이라는 수많은 광고를 지속적으로 만들어냈다. 지겨울 법도 한
비슷한 레이아웃과 하단에 배치된 'Absolut ○○○'이라는 카
피에도 불구하고 사람들은 다양한 주제와 병을 연결시킨 창의
력에 매번 감탄했고, 실제로는 프리미엄급이 아닌 앱솔루트 보
드카를 고급 브랜드로 인식하게 되었다. 캠페인을 새롭게 만드
는 것은 신선한 아이디어이지 새로운 메시지나 전략이 아니라
는 사실을 잘 보여준 일관성의 교과서이다.

뭔가를 바꿔야 한다는 변화에 대한 강박은 사람이 바뀐 경우에
도 생긴다. CEO나 CMO, 또는 광고 회사의 CD가 바뀐 경우,
지금까지 해오던 것을 부정하고 더 나은 것을 만들어내겠다는
과욕 때문에 꾸준히 쌓아온 브랜드 이미지를 훼손하는 일이 발
생하기도 한다. 브랜드가 노후화했거나 주변 상황의 변화에 제
대로 적응하지 못하고 있을 때에는 과감한 변화를 시도해야
하지만 그 실천은 신중히 검토한 이후에 옮겨야 한다.
미국의 대표적 오렌지 주스 브랜드인 '트로피카나'는 2008년
광고 캠페인이 아니라 브랜드 자체를 새롭게 바꾸는 리브랜딩
작업을 했다. 무려 400억 원에 달하는 비용을 들여 패키지 디자
인과 로고 폰트 등을 새롭게 만들었다. 결과는 대실패였다. 리

브랜딩 후 두 달 사이 매출은 20% 하락했고, 이에 놀란 경영진은 디자인과 로고를 원래대로 되돌려 놓을 수밖에 없었다. 새로운 것을 원했던 것은 소비자가 아니라 경영진이었음을 보여주는 유명한 실패 사례이다.

브랜딩은 엄청난 인내심을 요구하는 장거리 레이스이다. 경우에 따라서는 결실을 체감하기까지 꽤 오랜 시간이 걸리기도 한다. 중간중간 신념이 흔들리기도 한다. 주변에서 몸만들기에 성공한 사람들을 둘러보라. 꽤 오랜 기간 규칙적으로 자신이 정한 루틴을 지켜온 사람들이다.

브랜딩의 첫 단추를 제대로 끼웠다는 확신이 든다면 이 문장을 만트라처럼 외우라. 'Just Do It.'

브랜딩은 지구력을 필요로 하는 마라톤이다.

그중 첫 3km를 잘 견뎌내는 것이 완주의 관건이다.

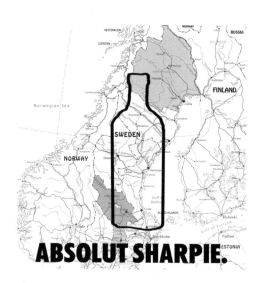

앱솔루트

I'PARK

마케팅은 더 이상
포장의 기술이 아니다

24

Q.

"아웃도어 브랜드의 광고를 담당하고 있습니다. 10년 전만 해도 광고를 하면 각종 브랜드 지표가 상승하고 결국 판매에도 긍정적인 영향을 미쳤던 것 같은데, 요즘은 비슷한 수준의 광고비를 투입하고 있는데도 떨어진 점유율이 오르기는커녕 조금씩 하락하고 있습니다. 무엇이 잘못된 것일까요?"

얼마 전 어떤 브랜드가 새롭게 시작한 광고 캠페인의 카피를 보고 갸우뚱한 적이 있다. '상상 이상의 맛'이라니? 경험에 비추어 보면 그런 카피를 쓴 데에는 다 나름대로 이유가 있을 것이고, 카피 한 줄로 캠페인의 기획 의도를 평가하는 것은 옳지 않을 수 있다. 그럼에도 불구하고 과연 저런 카피에 공감하는 요즘 소비자들이 얼마나 될까 궁금했다.

예전엔 저런 방법이 통하기도 했다. '사랑해요'라는 카피가 LG라는 브랜드를 상대적으로 인간적인 느낌으로 만들어주었고, 'OK, SK'라는 단순한 슬로건이 새롭게 바뀐 기업명에 긍정의 기운을 불어넣어 주기도 했다.

제품이나 서비스의 특성을 근거로 한 브랜드 콘셉트가 마케팅 캠페인의 핵심이 되거나, 정해진 브랜드 콘셉트를 중심으로 제품이나 서비스를 발전시켜 브랜드의 핵심 가치를 완성하는 경우도 꽤 있었지만, 본질과는 무관하게 시장 상황이나 타깃의 인사이트를 활용한 메시지로 마케팅 캠페인에 성공한 사례도 상당히 많았다.

이동 통신 초기의 광고나 마케팅 캠페인 사례를 보면 이해하기 쉬울 것이다. 1994년 탄생한 최초의 국산 휴대 전화인 애니콜은 "한국 지형에 강하다."라는 카피로 단숨에 1등 브랜드가 되었다. 신생 PCS 업체인 한솔텔레콤의 018은 '원샷'이라는 키워드로 광고와 마케팅 캠페인을 전개해 큰 성공을 거뒀고, SK텔레콤은 '스피드 011'이라는 태그 라인을 달고 "때와 장소를 가리지 않습니다."라는 카피로 1위 브랜드의 자리를 굳혔다. 기술적인 근거가 무엇이고 그것이 실제로 초기 통화 품질에 정말로 영향을 주었는지는 확실치 않지만, 카피 한 줄의 힘으로 소비자의 인식을 만들어 마케팅적으로 성공했다고 볼 수 있다.

이런 것이 가능했던 시절이 있었다. 물론 지금도 가능한 분야나 상황들이 있다. 하지만 좋은 카피 한 줄만으로 시장 상황을 뒤집는 일이 예전같이 가능하지 않다는 말이다. 왜 그런 것일까? 크게 두 가지 원인을 꼽을 수 있다.

첫째는 소비자들이 점점 똑똑해지고 있기 때문이다. 마케팅의 시대를 거치면서 소비자들은 마케팅이 어떤 원리로 작동하며, 자신들에게 전달되었던 메시지나 브랜드 활동 등이 진실된 것이었는지 아니었는지 깨닫는 힘이 생겼다. 그러니 아닌 것을 '그렇다'고 포장하는 일은 거의 불가능해졌다.

여기에 기름을 부은 두 번째 요인은 보편화하고 고도화한 인터넷이다. 인터넷은 여러 측면에서 영향을 미치고 있지만, '니즈의 발생과 구매 행위의 간격을 줄였다.'는 말로 그 모든 것을 포괄적으로 설명할 수 있다. 인터넷이 지금처럼 소비 행위의 중심이 아니었던 시절에는 제품이나 서비스의 종류에 따라 다르긴 해도 니즈의 발생과 구매 행위 사이에는 어느 정도의 기간이 존재할 수밖에 없었다. 치약이 떨어져 가면 다가오는 주말 장 보러 갈 때까지 기다려야 했고, 자동차를 바꿔야겠다고 생각하면 몇 개월 이상의 정보 탐색 기간이 필요했다. 지금은 어떤가? 사람에 따라, 상황에 따라 다르겠지만 그 기간이 하루, 이틀로 줄어들거나 정보 탐색은 반나절도 걸리지 않는다. 이것은 무엇을 의미하는가? 니즈의 발생과 구매 행위 사이에 소비자를 설득할 시간이 줄어들었다는 뜻이다.

점점 똑똑해지는 소비자를 설득할 시간은 계속 짧아지고 있다. 마케팅이라 불렸던 행위가 개입할 여지가 줄어들고 있는 것이다. 그래서 '아닌 것을 그렇다'고 설득하는 것이 더욱 힘들어지고 있다.

본질의 차이보다 광고가 만들어낸 인식의 차이가 더 영향력을 발휘할 수 있던 시대에는 마케팅이 브랜드를 좌우했다. 그렇기 때문에 똑같은 제품이나 서비스도 어떻게 포지셔닝 하는가에 따라 그 경쟁력이 달라지기도 했다. 똑같은 맛의 콜라를 '신세대의 선택Choice of Next Generation'이라고 새롭게 정의함으로써 코카콜라와의 전쟁에서 엄청난 전과를 거뒀던 펩시콜라가 대표적인 증거이다.

2000년대 초반 이동 통신사 마케팅 전쟁에서 후발 업체인 KTF의 "넥타이와 청바지는 평등하다."라는 카피가 화제가 되었던 것도 그런 현상을 잘 보여주는 사례이다.

인터넷이 산소처럼 당연한 것이 된 오늘의 관점으로 이런 사례를 다시 바라보면 어떤 생각이 드는가? '그렇다'고 주장할 만한 본질적 근거도 없이 소비자를 그럴듯한 말로 현혹한다는 생각이 들지 않는가? '그렇다'는 주장과 일치하는 브랜드의 실체나 실천이 없다면 소비자들은 '그럴듯한' 브랜드의 주장을 받아들이기 어려울 것이다.

예전에 함께 일했던 브랜드의 최고 의사 결정자가 브랜드의 슬로건을 '~의 명가'로 하자고 제안했던 적이 있다. 10위권에 들까 말까 한 브랜드가 '명가'라고 주장하는 것이 소비자에게 받아들여질 리도 없을뿐더러 당시 그 브랜드가 하고 있는 일들이 명가와는 전혀 거리가 멀었기 때문에 반대 의견을 제시했으나 묵살당했다. 결국 그 브랜드는 명가와는 전혀 다른 길을 걸었다.

브랜드가 소비자의 머릿속에서 어떤 핵심 가치로 어떻게 인식될지 결정하는 것은 충분히 중요하고 의미가 있다. 하지만 그렇게 결정했으면 제품이나 서비스의 본질이나 관련된 활동이 '그래야' 한다.

마케팅이란 브랜드가 소비자에게 어떤 효익을 제공할 것인가 정의하고 그 방향에 맞춰 가장 적합한 세분화 타깃을 결정하여 그들이 받아들일 만한 다양한 활동을 통해 시장 점유율이나 브랜드의 가치를 높여가는 행위를 말한다. 그것을 하지 말라는 이야기가 아니다. 이런 마케팅의 정의는 여전히 유효하나 '소비자에게 어떤 효익을 제공할 것인가?'라고 정하는 것에 그쳐서는 안 된다는 것이다. 제품이나 서비스의 본질이 그런 효익을 제공하는지, 그것을 제공하기 위해 충분한 활동을 하고 있는지, 더 나아가 그것이 소비자로부터 공감을 얻을 수 있는지 냉정하게 돌아보는 것이 반드시 필요하다.

———

마케팅은 브랜드를 포장하는 기술이 아니다.

브랜드의 본질에 대한 소비자의 동의를 얻어가는 과정이다.

뒤집고 싶다면 경쟁의 판을 새로 짜라

25

Q.

"증권 회사에서 온라인 부문의 마케팅을 담당하고 있습니다. 20대 젊은 투자자를 위해 앱을 전면 개편하면서 그들과의 접점을 만들기 위한 아이디어를 기획하고 있는데, 20대 타깃과 투자 사이에서 어떤 연결 고리를 찾아 마케팅을 해야 할지 실마리를 찾지 못하고 있습니다."

업의 개념을 가장 성공적으로 바꾼 브랜드를 하나 꼽으라고 하면, 나는 주저 없이 현대카드를 선택한다. 현대카드의 전신은 다이너스 카드였는데, 2001년 현대자동차그룹이 인수하면서 현대카드로 이름을 바꾸었다. 당시 현대카드에 대해 낙관적인 미래를 예상한 사람은 많지 않았다. 다이너스 카드 자체의 점유율도 낮았을뿐더러 유사한 분야의 경험이 없는 현대자동차그룹이 카드 사업을 잘 해내리라 전망하기는 쉽지 않았을 것이다. 하지만 현대카드는 새롭게 출범한 지 얼마 지나지 않아 다양한 활동으로 업계에 파란을 일으켰다. 독특한 광고로도 주목받았지만, 광고만이 아니었다. 해외 슈퍼스타를 초대해 콘서트를 하는가 하면, 테니스 빅 매치를 주최하기도 하고, 해외 명사가 참여하는 대담회를 개최하기도 했다. 여기에 그치지 않고 미식 페스티벌인 '고메위크'를 기획해 국내 미식 문화를 주도하기도 했다. 이 외에도 카드 사업의 본질에서 벗어난 것처럼 보이는 현대카드의 활동은 일일이 열거하기 힘들 정도다. 이런 활동의 결과, 현대카드가 업계의 메이저 브랜드로 부상하는 데는 아주 오랜 시간이 걸리지 않았다. 기존의 카드업계가 해오던 방식을 그대로 답습했다면 쉽지 않았을 일이다.

현대카드의 사례가 시사하는 바는 크게 두 가지이다. 무엇보다 시장에 늦게 진입했거나 낮은 점유율로 존재감이 낮은 브랜드가 경쟁력을 갖기 위해서는 기존에 세팅이 되어 있는 경쟁 구도를 그대로 따라서는 안 된다는 점이다. 경쟁 구도를 바꾸는 일이 필요하다. 게임의 룰을 바꾸거나 게임의 장을 새롭게 만드는 일을 해야 한다. 물론 시장에서의 지배력이 약한 신생 브랜드나 하위권 브랜드가 게임의 룰을 바꾸거나 새로운 장으로 경쟁의 패러다임을 끌고 가는 일이 쉽지는 않다. 하지만 질 것이 뻔한 기존의 틀에서 헤매는 것보다 새로운 판을 짜는 것이 현명한 일이다. 이때 중요한 것은 거시적 관점에서 사회나 시장이 어떤 방향으로 흘러가고 있는지 살펴보는 일이다.

현대카드의 경우, 혜택 경쟁 일변도의 신용 카드 시장에서 새로운 변화를 시도한 것이 주효했다. 신용 카드가 무엇을 더 해줄 수 있을까 고민하는 대신, 신용 카드 사용자가 무엇을 더 원하는지에 초점을 맞추었다. 신용 카드 사용자들의 라이프스타일이 어느 방향으로 변화하고 있는지 파악하고 게임의 방향을 그쪽으로 바꿔갔던 것이다.

여기서 현대카드 사례가 시사하는 두 번째 포인트를 찾을 수 있나. 제품이나 서비스가 아니라 그것을 사용하는 소비자나 고객의 관점에서 업을 새롭게 정의하는 일이 중요이다. 현대카드 캠페인 이전까지 신용 카드는 화폐의 기능을 대신하는 플라스틱 머니였을 뿐이다. 경쟁 상대는 기존의 화폐나 다른 신용 카드 브랜드일 수밖에 없었다. 그러다 보니 현금을 사용하는 것보다 더 편리하고 많은 혜택을 주는 일에 마케팅 전략이 집중되었다.

현대카드는 신용 카드를 단순한 지불 수단이 아니라 라이프스타일을 영위하기 위한 매개체로 재조명했다. 신용 카드가 제품이나 서비스를 구매하고 그 비용을 지불하는 수단이 아니라, 자신이 영위하고 싶은 라이프스타일을 위한 파트너가 되어가고 있는 시장의 변화를 앞서서 읽은 것이었다. 그래서 맛집 문화를 선도하기도 하고 음악, 여행 등 타깃의 라이프스타일과 관련이 있는 분야에서 다양한 활동을 펼쳐가면서 라이프스타일 파트너의 자리를 잡아갔다. 그런 변화가 당시 새로운 라이프스타일을 추구하던 타깃에게 잘 받아들여졌던 것이다.

하인즈가 지배하던 미국의 케첩 시장에 파란을 일으킨 '서 켄싱턴 케첩Sir Kensington Ketchup'의 이야기를 해보자. 2008년 미국의 브라운대 경제학과 학생이던 스캇 노튼과 마크 라마단은 하인즈를 대체할 케첩을 만들어보기로 했다. 왜 그랬는지는 중요하지 않다. 어떤 케첩을 만들어냈는가가 핵심이다. 그들은 햄버거, 핫도그, 감자튀김 등 미국인들의 간편한 식생활에 자주 쓰이며 공산품 취급을 받는 케첩을 새로운 시각으로 바라봤다. 그 맛만으로도 훌륭한 고급 식재료가 될 수 있는 케첩을 만들기 위해 노력했다. 일단 GMO나 가공식품 첨가물을 모두 빼고 최적의 재료 조합을 찾아내, 하인즈 오리지널 대비 설탕이나 나트륨이 적게 들어간 건강식품으로 인식될 수 있도록 만들었다. 영국을 연상시키는 브랜드 네임도 그런 노력의 일환이다. 짜서 먹는 플라스틱 용기 대신 케첩을 유리병에 넣어 숟가락으로 떠먹게 만들었다. 2016년에는 식품업계 최초로 비건용 마요네즈를 개발하기도 했다.

케첩 분야에서 수많은 도전자 브랜드들이 하인즈를 따라 하기 급급했을 때 '서 켄싱턴 케첩'은 고정 관념을 깨고 제품을 새로운 관점에서 바라봤고 그것이 적중해 미국의 홀푸드 등 유기농 식품 매장에서 하인즈를 제치고 1위 브랜드에 올랐다. (2017년 유니레버에 인수된 이후, 현재는 마요네즈에 집중하고 있다.)

신생 브랜드나 도전자 브랜드에게 늘 하는 이야기이지만 앞서 가는 브랜드를 따라가면 앞선 자의 등을 바라보는 것 말고는 새로운 일이 생기지 않는다.

앞의 증권 회사 마케팅 담당자의 질문에 대해서는 이런 조언을 하고 싶다. 지금 20대에게 투자가 어떤 의미를 가지는가에 대해 새로운 시각으로 바라보는 일을 가장 우선적으로 해야 한다. 투자의 본질에서 벗어날 수 없기 때문에 수익을 올리고 돈을 더 벌게 해주는 일은 여전히 중요할 것이다. 하지만 '왜 돈을 더 버는 일이 중요한가?'라는 근본적인 질문을 던지라는 것이다. 돈을 많이 버는 것 자체가 목적인 시절이 있었다. 지금도 그런 사람들이 있을 수 있지만, 젊은 세대일수록 돈을 번다는 것은 더 멋진 생활을 위한 수단이라고 생각하지는 않을까? 그런 관점에서 투자 앱의 역할을 새롭게 정의해 보면 어떨까?

**정해진 판에서 뒤따라 가는 팔로워가 될 것인가,
달리는 방향을 새롭게 바꿔 리더가 될 것인가?**

서 켄싱턴 케첩

현대카드

멀리 내다보는 새가 오래 난다

26

Q.

"유기농 식품 매장을 운영하고 있습니다. 제품의 특성을 고려했을 때 조금 느긋한 마음으로 브랜드를 키워가려고 생각하고 있습니다만, 언제까지 손실을 감당할 수 있을까에 대한 불안감도 큽니다. 함께 일하는 식원들도 초기 분업을 위해서 대대적인 세일이나 꼭 유기농이 아니더라도 손님을 끌 만한 미끼 상품이 있었으면 좋겠다고 이야기를 합니다. 이런 것이 득이 될지 독이 될지 판단이 잘 서지 않습니다."

오랜 기간 알고 지냈던 대기업의 임원이 있었다. 훌륭한 점이 많았지만 독단적인 성격 탓에 함께 일하는 직원들에게는 능력만큼 좋은 평가를 받지 못하는 사람이었다. 어느 날 그분과 함께 저녁 식사를 할 기회가 있었는데, 자리에 함께 한 직원들에게 너무나 친절하고 공손한 태도를 보여 깜짝 놀랐다. 그분이 자리를 비운 사이 직원들에게 그의 갑작스런 변화에 대해 물어봤더니, 이번 임원 인사부터 함께 일하는 부하 직원들의 평가를 적극적으로 반영하기로 했기 때문이라고 알려주었다. 피식 웃고 말았지만 당사자는 그런 방법이 효과가 있을 것이라 믿었는지 그런 행동을 꽤 오랜 기간 계속했던 것으로 기억한다.

사람의 인성이라는 것, 또는 그 사람의 인성에 대한 평가는 하루아침에 만들어지는 것이 아니라는 사실은 당사자만 빼놓고 누구나 다 안다. 마찬가지로 브랜드의 인성과 그에 대한 평가도 하루아침에 만들어지지 않는다. 진정성이 전달되는 특별한 사건이나 사소한 행동들이 쌓이는 과정을 반드시 거쳐야 한다. 진정성 있는 브랜드를 만드는 입장에서는 소비자가 그 핵심 가치나 진정성을 빠른 시간 안에 알아주지 못하는 것이 답답할 수 있다. 이뿐만 아니라 소비자가 알아줄 때까지 기다리는 것이 비즈니스적으로 큰 부담이 되기도 한다. 오래가기 위해서는 멀리 내다보는 지혜와 인내심이 필요하다. 눈앞의 이해관계에 집착하면 오래가기 어렵다.

몇 년 전 낮은 점유율로 고민하고 있는 Q 브랜드에게 '나는 Q 를 사지 않습니다'라는 캠페인 아이디어를 제안한 적이 있다. 점유율이 5%도 안 되지만 충분히 가능성이 있는 브랜드였기 때문에, 여러 이유로 이 브랜드에 관심조차 갖지 않는 사람들의 솔직한 이야기를 전달해서 공감대의 기반을 만들어가자는 아이디어였다. 이 제안은 검토조차 되지 않았다. 담당자 입장에서는 경영진에게 입을 떼기조차 어려웠을 것이다. 이해는 된다. 하지만 조금만 멀리 내다봤다면 브랜드를 살릴 수 있는 아이디어가 아니었을까 하는 아쉬움이 남는다.

멀리 내다보기 위해서는 진정성에 바탕을 둔 용기가 필요하다. 2019년 벨기에 코카콜라에서 했던 재활용 캠페인을 보면서 파타고니아의 진정성을 새삼 느낄 수 있었다. 코카콜라 페트병의 재활용률을 높이기 위한 캠페인이었는데, 캠페인 슬로건이 'Don't Buy Coca Cola'였다. 혹시 진짜로 사지 말라고 오해하는 사람들이 있을까 해서 바로 밑에 "If you don't help us recycle"이라는 전제를 달아 놓았다.

2011년 파타고니아가 〈뉴욕 타임스〉에, 그것도 모두가 하나라도 더 팔기 위해 최선을 다하는 블랙 프라이데이에 게재했던 'Don't Buy This Jacket' 광고와 비교하지 않을 수 없다. 같은 헤드라인이지만 하나는 속이 뻔히 보이고, 다른 하나는 그 속의 깊이를 헤아리기 어렵다. 파타고니아 재킷을 사지 말라는 광고를 내서 정말 재킷이 팔리지 않으면 그 책임을 누가 질 것인가? 물론 이본 쉬나드 회장의 결정이었을 테니 책임 소재를 다른 사람에게 물을 일은 아니었을 것이다.

진정성은 멀리 내다보는 힘이 있다. 눈앞의 손실을 두려워하지 않는다. 그런 행동이 언젠가 더 큰 결실로 돌아올 것이라는 확신을 갖고 있기 때문이다.

자동차의 나라, 미국에서 최고의 자동차 세일즈맨으로 알려진 알리 레다Ali Reda의 이야기가 '멀리 내다보는 자세'의 힘을 잘 설명해 준다. 알리 레다는 2017년 한 해 동안 1,582대를 팔아 44년 만에 기록을 깨고 미국의 자동차 판매왕에 올랐다. 미국 각 딜러 매장의 연평균 판매 대수가 1,000대 정도임을 감안한 다면 대단한 기록이다. 그의 이런 기록에 대해서는 여러 가지 분석이 가능하다. 혹자는 지역 커뮤니티와 친밀한 관계를 쌓아 온 결과라고 말하기도 하고, 그의 꼼꼼하고 열정적인 업무 태도 때문이라 하기도 한다. 하지만 그가 판매왕이 될 수 있었던 이유의 핵심은 고객을 차를 팔 대상이 아니라 가장 적합한 차를 추천해 줘야 하는 대상으로 대했다는 점이다.

대부분의 자동차 판매원들은 한 번 들어온 손님을 놓치지 않기 위해 애쓴다. 이미 차를 사기로 결심한 손님에게는 더 높은 사양의 차를 권해 매출을 높이기도 한다. 하지만 알리 레다는 달랐다. 아직 차를 바꿀 때가 되지 않은 고객에게는 적합한 차종이 출시되는 다음 해까지 기다리라고 조언하기도 하고, 고객의 사정을 충분히 듣고 난 다음 경쟁사의 차종이 더 나은 선택이 될 것이라고 자문하기도 했다. 눈앞에 찾아온 손님에게 무조건 차를 팔기 위해 노력하지 않았다. 7, 8년이 지나 차를 사러 온 고객도 있었다.

그의 이런 '멀리 내다보는 자세'는 어떤 결과를 만들어냈을까?

그가 속한 커뮤니티의 고객들 사이에서는 "차를 사려면 알리
레다에게 가라."는 소문이 퍼지기 시작했다. 그런 좋은 평판이
쌓여 한 해에 1,500대가 넘는 자동차를 파는 기록을 만들어낸
것이었다.

멀리 내다보는 일은 시간을 필요로 한다. 시간을 줄여서 이런
결과를 이뤄낼 방법이 없다면 시간을 견뎌야 한다. 진정성이
결국엔 통할 것이란 믿음을 갖고 서두르지 말아야 한다.

최근 좋아하는 커피 브랜드의 매장에 들렀다 깜짝 놀란 경험이
있다. 서울 가로수길에서 시작해 몇 군데 매장을 더 낸 '이코복
스 커피'가 그 브랜드이다. 개인적으로 커피의 풍미와 군더더
기 없이 세련된 감각 때문에 선호하는 브랜드이다. 가격이 높
은 편이었지만 충분히 그럴 만하다고 생각해 근처에 갈 일이
생기면 꼭 들르곤 했다. 오랜만에 들른 가로수길 매장에서 나
를 놀라게 했던 것은 '2,900원'으로 바뀐 가격이었다. 주문을 위
한 키오스크가 설치되었고 매장 점원이 한 명으로 줄었다는 것
말고는 크게 달라진 것이 없었다. 커피 맛은 변함이 없었다.

어떻게 이런 일이 가능했는지, 왜 그랬는지 궁금했다. 창업자
이우석 대표를 직접 만나 그 배경을 들었다. 이유는 간단했다.
"맛있는 커피를 더 편하게 제공하고 싶어서"라고 말했다. 그는

최근 다양한 커피 전문점의 출현과 부침을 지켜보면서 소비되는 감각은 더 이상 의미가 없다는 생각이 들었다고 했다. 자신이 추구하는 감각이 지속될 수 있는 방법을 고민했다. 매장 내에서 로스팅을 직접 할 수 있는 소형 기계를 도입하고, 한 사람이 일해도 문제가 없도록 매장의 동선을 개선했다. 그렇게 같은 품질의 커피를 파격적인 가격에 제공할 수 있는 방법을 고민하고 실천했다.

그는 가성비란 적당한 품질의 제품을 싼값에 내는 것이 아니라 훌륭한 품질의 제품을 합리적인 가격에 제공하는 것이라고 주장했다. 그의 이런 변화가 '멀리 보기' 전략의 모범 답안처럼 느껴졌다.

진정성이 전달되기 위해서는 시간이 필요하다.

본질에 자신 있다면 서두르지 말라.

이코복스 커피

디자인만 바꿔도 달라질 수 있다

Q.

"10여 년간 꾸준하게 팔리던 식품 브랜드의 브랜드 매니저입니다. 최근 매출 부진을 겪으면서 회사 내부에서는 패키지 디자인이 세련되지 못해서 그런 것 아니냐는 지적이 나오기도 합니다. 젊은 타깃 쪽에서의 매출이 줄고 있는 것을 보면서 디자인을 바꾸는 것이 필요하겠다는 생각이 들지만 과연 디자인 변경으로 문제를 해결할 수 있을지 궁금합니다."

디자인은 아름다움에 대한 주관적 판단이기 때문에 어떤 것이 답이라고 잘라 말하기 참 어려운 분야이다. 하지만 디자인이 브랜드를 살리기도 하고 망가뜨리기도 하는 것을 보면 디자인과 브랜드의 상관관계에 대한 객관적인 정의가 필요한 듯하다. 브랜드의 관점에서 좋은 디자인이란 무엇일까? 나는 브랜드가 지향하는 핵심 가치를 군더더기 없이 표현한 것이 최고의 디자인이라고 생각한다. 브랜드의 디자인은 제품이나 서비스가 주장하고 싶은 본질, 즉 핵심 가치를 가장 효율적인 방법으로 시각화해야 한다.

사람과 옷의 관계를 생각해 보자. 속은 채워지지 않은 채 명품 옷을 걸친 사람, 반대로 훌륭한 재능을 가졌지만 그와는 어울리지 않는 옷을 입는 사람을 보면 어떤 생각이 드는가? 남들이 부러워할 만한 재주를 가지고 있으면서 딱 그에 걸맞은 겉모습을 한 사람을 봤을 때 어떤 감흥이 드는가? 브랜드의 디자인도 그러해야 한다.

디자인이 훌륭한 국산 제품을 찾아보기 쉽지 않던 1990년대에 내가 한눈에 반한 제품이 있다. '랍스터'라는 별칭을 가진 휴대용 버너가 그것이다. 빨간색 본체와 화구부에 달린 세 다리가 랍스터를 연상시킨다. 다리를 접으면 빨간색 본체만 남는 단순한 디자인에 감동하기도 했지만, 세 다리를 펼쳐 조리 기구를 위에 얹었을 때의 안정감에 놀랐다. 휴대용 버너가 가져야 할 기능성과 간편성을 최적의 디자인으로 구현한 제품이었다. 뛰어난 디자인이란 제품의 기능을 군더더기 없이 시각적으로 표현한 것이라는 정의를 제대로 보여준 제품이었다.

이렇게 디자인이 제품의 본질과 직접적으로 연결되어 있는 경우는 좋은 디자인에 대한 판단이 비교적 쉬운 편이다. 하지만 제품의 패키지나 로고 디자인 같은 경우는 좋고 싫음과 옳고 그름 사이의 경계를 구분하기가 쉽지 않다.

20여 년 전쯤 국내 제약 회사의 장수 브랜드 중 하나인 겔포스를 젊게 만드는 작업을 의뢰받았다. 노후된 브랜드 이미지를 젊게 만들기 위해 기존에 거래해 온 광고 회사와 함께 젊은 타깃이 공감할 만한 광고를 만드는 작업을 해왔는데 그 과정이나 결과가 여의치 않은 상황이었다. 단순히 젊은 소비자층이 좋아하는 광고를 만든다고 해서 해결될 일이 아니라고 판단했다.

광고 아이디어 대신 제품에 변화를 주는 아이디어를 제안했다. 제품의 본질을 유지한 상태에서 브랜드를 젊게 만드는 방법에 대해 고민했다. 오랜 자산인 브랜드 네임을 바꿀 수는 없으니, 앞에 '마이 my'라는 단어를 추가해 '마이 겔포스'라는 별칭을 만들고 주머니나 핸드백 속에 휴대하기 쉽도록 스틱형의 제품을 추가로 만들자고 제안했다. 가능하다면 딸기 등 과일 맛을 더한 제품도 출시하는 것이 좋겠다는 의견도 냈다.

최고 의사 결정자는 전적으로 의견을 수용하고 싶어 했다. 하지만 며칠 뒤 기존 고객층의 유지 문제, 새로운 포장 디자인이나 맛 개발을 위한 추가 투자 등의 이유로 제안을 받아들이기 어렵다는 답변을 받았다. 아쉬움이 많이 남는 프로젝트였다. 그로부터 시간이 한참 흐른 2018년 스틱형 포장의 겔포스 엘이란 제품을 출시하면서 바나나 맛을 첨가했다는 뉴스를 보았다. 10여 년 전의 제안을 시간이 흐른 뒤 실행한 것인지는 알 길이 없지만, 좀 더 빠르게 변화를 시도했더라면 어떤 결과가 있었을까 궁금했다.

이런 변화를 과감하게 시도해서 성공한 사례가 프로틴 바 브랜드인 'RX바'이다. 프로틴 바를 즐겨 먹던 시카고의 두 젊은이는 방부제나 유전자 변형 식품을 넣지 않고 천연 식재료만을 사용한 'RX바'를 직접 만들었다. 의도는 좋았지만 초기 판매는 부진했다. 이들은 좋은 재료로 만들었음에도 불구하고 잘 팔리지 않는 이유가 촌스러운 포장지 디자인 때문이라고 판단했다. 마케팅 경험이 없던 이들은 다른 제품의 포장 디자인을 참고해 파워포인트로 비슷하게 만들었는데, 제품의 명확한 장점인 좋은 재료를 포장지 디자인이 제대로 전달하지 못하고 있다는 사실을 깨달은 것이다. 그들은 모든 디자인 요소를 배제하고 사용된 재료를 잘 보이는 글씨체로 앞면에 크게 적어 넣었다. 패키지 디자인을 바꾼 후 어떤 변화가 일어났을까? RX바는 현재한 달 판매량이 20만 개가 넘는, 고객이 가장 사랑하는 브랜드 3위에 올랐다.

브랜드 디자인은 브랜드를 아름답게 만드는 것이 아니라 브랜드의 핵심 가치를 가장 잘 전달하는 것이라는 사실을 정확하게 보여주는 사례이다.

한 걸음 더 나아가 디자인의 변화 자체가 브랜드의 새로운 핵심 가치가 될 수도 있다. 2021년 출시된 아사히 수퍼드라이 생맥주캔의 이야기이다. 2023년 우리나라에도 수입되어 오픈런 대란을 불러일으키기도 한 이 제품의 핵심은 뚜껑 전체가 열리는 캔 디자인이다. 캔 윗부분이 일부만 개봉하는 일반 캔맥주와 달리 뚜껑 전체를 열어 생맥주의 풍성한 거품을 즐길 수 있다는 점이 소비자들에게 크게 어필한 것이다. 캔 맥주 디자인에 대한 고정 관념을 살짝 비틀어서 그 자체가 브랜드의 핵심 가치가 된 사례이다.

도입부의 질문에 답을 하기 위해서는 제품의 특성이나 주변 환경의 변화 등 여러 가지 요인을 감안해야 하겠지만, 원론적인 관점에서 보자면 그동안은 잘 팔렸는데 요즘 들어 판매가 부진하다면, 그것은 그 제품이 소비자의 생활 속에서 가지는 의미나 가치가 달라졌기 때문일 수 있다. 단순히 패키지 디자인만의 문제가 아닐 수 있다는 이야기이다. 사용법이 달라졌다면 패키지 형태나 용량을 바꾸는 방법이 답이 될 수도 있고, 식생활에서의 중요도나 그 의미가 달라졌다면 브랜드의 느낌을 그에 맞게 변화시키는 것을 고려할 수도 있을 것이다. 디자인의 변화를 시각적 관점 이전에 전략적 관점으로 판단하는 것이 중요하다.

브랜드 디자인은 핵심 가치의 표현 수단이다.

지향하는 가치와 잘 어울리는 옷을 입고 있는지 거울을 보라.

RX바

아사히 수퍼드라이 생맥주캔

경험을 디자인하라

28

Q.

"허브 농장을 운영하면서 허브를 소재로 한 다양한 제품을 제작·판매하고 있습니다. 론칭 이후 온라인 판매에만 의존해 왔는데, 제품군을 확장하면서 오프라인 매장을 서울에 낼까 생각 중입니다. 온라인이 대세인 시대에 역행하는 것이 아니냐는 지적이 있습니다. 과연 오프라인 매장은 도움이 될까요?"

이태원을 걸어가는데, 지나가는 버스에 붙은 광고가 눈에 들어온다. "제가 알아서 살게요."라는 카피가 인상적이다. '지그재그'라는 온라인 쇼핑 플랫폼의 광고이다. 다양한 패션 브랜드들을 알아서 선택하고 구매할 수 있는 플랫폼의 핵심 가치를 잘 전달하고 있다. 이태원에서 발길을 한남동 쪽으로 돌려 내려가다 보니 한 매장 앞에 길게 늘어선 줄이 보인다. 관광객으로 보이는 외국인들도 꽤 섞여 있다. '마르디 메크레디Mardi Mercredi'라는 여성 패션 브랜드 매장이다. 조금 더 걸어 내려가자 규모가 꽤 큰 매장 안에 사람이 꽉 차 있는 모습이 눈에 띈다. MZ 세대 사이에서 인기를 얻고 있는 '이미스Emis'라는 패션 소품 브랜드의 플래그십 매장이다. 두 브랜드 모두 온라인에서 인기를 얻기 시작한 뒤 오프라인 매장을 연 경우이다. 온라인에서 원하는 패션 브랜드를 '제가 알아서' 사는 현상과 대기 시간을 감수하면서 매장을 직접 찾는 현상이 공존하고 있는 모습이 재미있다.

브랜드가 만들어지는 과정을 한 마디로 정의하자면 '경험'이다. 정보를 탐색하고, 사용자의 리뷰를 공유하고, 실제로 제품을 써보고, 매장을 방문하는 등 다양한 경험이 쌓이면서 브랜드에 대한 인식이 만들어진다. 요즘은 이 중 많은 부분이 온라인상에서 이루어지고 있지만, 가장 중요한 것은 실제의 경험이다. 제품을 직접 보거나 사용해 보는 것은 물론이고 브랜드가 추구하는 핵심 가치를 현장에서 다양한 방법으로 체험하는 것이 브랜드에 대한 인식을 만드는 데 결정적인 역할을 한다. 특히 온라인이 상거래의 중심이 되면서 소비자들은 직접적인 경험에 점점 더 목말라 한다.

독특한 매장 경험으로 브랜드를 성공시킨 사례 중 하나가 '젠틀 몬스터'이다. "세상을 놀라게 하라"는 브랜드 철학을 가진 이 브랜드는 론칭 초기 독특한 공간 마케팅으로 주목받았다. 2014년 홍대 쇼룸에서 진행한 '퀀텀 프로젝트'에서 1층에는 전혀 제품을 전시하지 않고 매달 25일마다 공간의 콘텐츠를 새롭게 바꿔 순식간에 홍대 지역의 명소가 되었고, 2015년에는 북촌에서 가장 오래된 목욕탕을 개조한 '배쓰 하우스' 쇼룸을 선보이며 브랜드의 철학처럼 또 한 번 '세상을 놀라게' 했다. 이들이 2021년 문을 연 '하우스 도산' 역시 독특한 구성으로 브랜드의 미래 지향적 가치를 고객들이 경험할 수 있도록 하며 트렌드 리더들의 필수 방문지가 되었다.

2020년 NH투자증권의 브랜딩 작업을 하면서도 많은 사람들이 브랜드를 경험할 수 있는 공간을 만들었다. 형태나 특성이 명확한 제품의 경우에는 '경험'이라는 단어가 쉽게 와닿지만, 손으로 만질 수 없는 서비스의 경우에는 '경험'이라는 개념이 모호할 수밖에 없다. 앞에서도 이야기했지만, 여기서 말하는 '경험'은 단순한 제품 체험이 아니라 브랜드가 전달하고자 하는 핵심 가치의 공유를 의미한다.

당시 NH투자증권의 브랜딩을 위해 제시한 핵심 가치는 '문화'였다. 투자를 수익률 게임이 아니라 더 나은 라이프스타일을 영위하기 위한 문화적 행위로 만드는 역할을 하는 브랜드가 되어야 한다고 제안했다. 그에 따라 브랜드의 비전을 "투자, 문화가 되다"라는 슬로건에 담아 다양한 캠페인을 기획했다. 캠페인 내용 중에서 브랜드 경험을 위한 아이디어가 '문화다방'이었다. 압구정동 한복판에 위치한 2층 건물을 단기 임대해서 1층은 고급 드립 커피와 양과자를 제공하는 다방으로, 2층은 매일 저녁 다양한 강좌를 개최하는 문화 공간으로 활용했다. NH투자증권의 기존 고객은 물론이고 압구정동을 오가는 일반인들이 카페를 이용하거나 문화 강좌에 참여했다. 공간 곳곳에 '투자가 문화가 된다.'는 것이 무엇을 의미하는지 방문자들과 공유할 수 있는 다양한 장치를 배치했다. 방문자를 대상으로 설문 조사를 실시한 결과, NH투자증권에 대한 호감도는 눈에 띄게 올라갔으며 '투자와 문화를 연결하려는 시도'에 대한 긍정 평가도 높게 나왔다.

이처럼 브랜드를 경험하게 한다는 것은 단순하게 제품을 전시하고 장점을 체험하게 하는 행위가 아니라, 고객들이 방문할 충분한 이유를 제공함으로써 자연스럽게 브랜드가 지향하는 핵심 가치나 철학, 비전 등을 체감하도록 하는 일이다. 그렇기 때문에 오프라인에서의 고객 접점을 만들 때에는 브랜드의 가치가 방문자에게 잘 스며들 수 있도록 설계하는 일이 중요하다.

브랜드의 가치를 제대로 경험하도록 디자인한 브랜드 중 하나가 '그랑핸드'이다. 온라인이 대세인 세상에서 초기 7년 동안 온라인 몰 없이 오프라인 매장만으로 비즈니스를 운영해 온 향 관련 제품 브랜드로, 2014년 북촌의 작은 한옥에 매장을 만들며 시작했다. 현재 북촌을 비롯해 강남에 위치한 도산까지 6개의 오프라인 매장을 운영하고 있는데, '향의 일상화'라는 브랜드의 모토를 공간에 잘 녹여내고 있다는 평가를 받고 있다.

건물이나 동네의 느낌을 그대로 살린 6개 매장은 인테리어는 물론이고 오감을 통해 브랜드가 던지는 메시지를 경험할 수 있도록 설계되어 있다. 업의 본질인 향은 물론이고 매장마다 다른 분위기의 음악을 선곡해 청각적으로도 브랜드를 즐기도록 해준다. 미니멀한 제품 디자인과 함께 눈에 들어오는 독특한 향의 이름과 설명이 '향의 일상화'를 시각적으로 이해하도록 도와준다. 그랑핸드에서 판매하는 12개의 향 중 우디한 느낌의 '규장'은 규장각에서 따온 이름으로 '도서관 속 오래된 책의 향기'라는 설명이 붙어 있다. 이 외에도 상품을 구매한 고객들에게 제공되는 독특한 향의 차는 미각을 통해 브랜드를 경험하게 만든다.

브랜드를 만들고 나서 7년 동안 온라인 몰을 운영하지 않은 이유가 향을 경험할 수 없는 온라인의 한계 때문이라고 하니 '경험'을 통해 브랜드의 가치를 만들어가겠다는 의지가 확고한 브랜드임에는 틀림없는 듯하다.

오프라인 매장은 브랜드 메시지를 경험하게 하는 미디어이다.

공간 안에서의 경험을 크리에이티브하게 디자인하라.

마르디 메크레디

젠틀 몬스터

그랑핸드

정신적 멤버십을 만들라

29

Q.

"건강한 재료로 만든 샐러드와 샌드위치 전문점 브랜드를 운영하고 있습니다. 차별화한 메뉴 구성으로 비슷한 브랜드들에 비해 경쟁력이 있다고 생각하는데 초기에 유입된 고객들이 유지되는 비율이 낮아 걱정입니다. 이를 위해서 마일리지 프로그램이나 연간 회원권 등의 아이디어를 생각하고 있는데 이런 것들이 과연 효과가 있을까요?"

'나만 사랑하길 바라'는 것은 사랑하는 연인과 브랜드의 공통된 소망이다. 불행하게도 사랑도 움직이고 소비자도 움직인다. 어떻게 하면 움직이려는 소비자를 붙들어 둘까 하는 것은 어쩌면 모든 브랜드의 고민일 것이다.

혜택으로 소비자를 묶어두는 것이 가장 고전적인 방법이다. 신용 카드사의 포인트와 항공사의 마일리지가 대표적이다. 지속적으로 한 브랜드와 관계를 쌓아가는 대가로 무언가를 받는다는 것은 관계 유지를 위해 도움이 되는 것은 분명하지만, 다들 그렇게 하니 문제인 것이다. 그러다 보니 이런 방식으로 고객과의 관계를 유지하는 것은 이제 '해줘서 좋은 것'이 아니라 '안 해주면 서운한' 것이 되어 브랜드의 입장에서는 계륵과 같은 제도가 되어가고 있다.

움직이려는 사랑을 포인트로 잡아둘 수 있을까? 어떻게 하는 것이 최고의 방법일까? 답은 간단하다. 정말 사랑하게 만들면 된다. 어떻게? 나를 사랑할 만한 사람을 찾아 그들과 관계를 맺으면 된다. 뻔한 이야기이다. 문제는 이 뻔한 이야기를 실천하시 못한다는 겁이다.

문제의 출발점은 되도록 많은 소비자에게 사랑받으려는 브랜드의 태도이다. 자신의 제품이나 서비스에 관심이 적거나 없는 다수와 관계 맺기를 시도한다. 힘들인 만큼 효과를 얻기 어렵다. 오히려 별 특색이 없는 평범한 브랜드가 되는 부작용만 생길 뿐이다. 제품이나 서비스가 제공하는 핵심 가치에 대해 관심을 가질 만한 사람을 대상으로 집중적인 구애 활동을 해야 한다. 이와 동시에 브랜드에 관심을 가진 사람들의 확신을 강화할 수 있도록 제품이나 서비스의 특성을 진화·발전시켜 나가야 한다. 그러면 '마니아'라고 부르는 브랜드의 짝이 만들어진다.

이런 방법을 잘 활용해 빠른 시간 안에 세계적 브랜드의 반열에 오른 것이 '룰루레몬lululemon'이다. '9. 한 명의 페르소나를 찾아라'에서 이야기한 것처럼 룰루레몬도 사랑의 대상을 한 사람으로 정의했다. '32세, 콘도 회원권을 가지고 여행과 운동을 좋아하고 패션에 민감한 전문직 여성'이라고. 그런 여성이 좋아할 만한 요가복을 만들었다. 그 결과, 룰루레몬은 나이키나 아디다스 등과 같은 기존의 스포츠 브랜드에 비해 현저히 낮은 마케팅 비용을 쓰고도 성공적인 브랜드가 되었다. 또한 브랜드의 활동은 마니아와의 관계를 강화하는 일에 집중했다. 일례로 스포츠 브랜드에서 매출의 많은 부분을 차지하는 신발을 만들지 않는다. 여전히 레깅스를 비롯한 의류와 스포츠 액세서리에만 집중하고 있다. 소비자는 마일리지나 포인트 때문이 아니라 '이 브랜드가 나의 것'이라는 연대감 때문에 룰루레몬과의 관계를 지속한다. 정신적 멤버십에 가입되어 있는 것이다.

슈퍼마켓 중에도 마니아를 보유한 브랜드가 있다. 미국 내에 530여 개의 매장을 가진 '트레이더 조Trader Joe's'의 이야기이다. 트레이더 조는 대형 마켓의 대표 브랜드라 할 수 있는 월마트 Walmart나 타깃Target에 비해 훨씬 작은 규모이지만, 브랜드 선호도나 소비자 만족도 등에서 단골로 1위에 오르는 브랜드이다. 트레이더 조의 단위 면적당 매출은 유기농 식품 전문 마켓인 홀푸드Whole Foods 대비 두 배이다.

어떻게 이런 결과를 만들어낼 수 있었을까? 트레이더 조 역시 모든 사람을 타깃으로 하지 않았다. 이들은 자신의 타깃을 '이

국적인 식품에 대한 취향을 갖고 있지만 소득이 높지 않은 사람'이라고 정의했다. 1,000제곱미터 규모의 매장에서 약 3,000종류 정도의 품목만 엄선해서 판매한다. 월마트의 평균 보유 품목 수가 15만 가지 정도이니 '엄선'이란 표현이 잘 들어맞는다. 고객이 무엇을 좋아하는지 파악하는 일에 집중한다는 의미이다. 그렇게 엄선한 품목에 집중하고 그중 많은 제품을 PB화함으로써 파격적인 가격이 가능해진다. 다른 슈퍼마켓에는 없는 오리지널 제품도 다수 존재한다. 또한 트레이더 조는 재미있는 내용과 제품의 스토리텔링이 있는 'Fearless Flyer'라는 뉴스레터를 발행해 고객과 소통하고 있다.

결과적으로 트레이더 조 고객의 브랜드 충성도는 상당히 높다. 특별히 뛰어날 것도 없는 디자인의 트레이더 조 에코 백을 들고 다니는 것이 고객들에겐 멤버십 배지 같은 것이 되었다. 이들 역시 포인트나 마일리지를 위한 강제 멤버십이 아니라 정신적인 멤버십에 가입되어 있는 것이다.

'정신적 멤버십'이란 하나의 가치관이나 코드를 중심으로 한 연대감의 형성이다. 위의 두 사례에서도 잘 나타나 있지만, 연대감의 기반이 되는 핵심 가치 이상으로 중요한 것이 그 가치가 반영된 실체이다. 많은 브랜드들이 정신적 멤버십을 구축하는 데 실패하는 원인이 여기에 있다. 겉으로는 동의할 만한 가치를 표방하지만 제공하는 제품이나 서비스의 실체가 그에 못 미치기 때문에 한 번 관계를 맺은 고객과의 지속적 연대감을 형성하는 데 실패하는 경우가 많다.

많은 사람들이 단지 이미지만으로 성공했다고 오해하고 있는 브랜드 중 하나가 '반스Vans'이다. 특히 우리나라에서는 몇몇 패션 아이콘들이 신고 다니는 모습이 목격되며 스트리트 패션 브랜드로 자리 잡았기 때문에 이 브랜드가 타깃과의 '정신적 멤버십'을 구축해 온 과정이 간과되는 듯하다. 이 브랜드가 스케이트보더의 배지 같은 브랜드라는 사실은 어느 정도 알려져 있지만, 그렇게 되기까지는 제품력과 브랜드 마니아들을 위한 활동이 있었기 때문이라는 사실은 잘 알려져 있지 않다.
1966년 미국 캘리포니아 애너하임에서 시작된 스니커즈 브랜드 반스는 질긴 캔버스 천으로 만든 몸체와 두꺼운 쿠션, 와플 모양의 바닥과 고무 테두리 덕분에 보더들의 사랑을 받기 시작했다. 특히 와플 모양의 밑창이 스케이트보드를 타기에 안성맞춤이었다. 이렇게 인기를 얻기 시작한 반스는 창업자의 동생이 경영 전면에 나서며 다른 스포츠 종목까지 브랜드를 확장하는 우를 범한다. 이런 잘못된 결정의 결과로 1,000만 달러 규모의 빚을 지며 1984년 파산하고 만다. 결국 창업자인 폴 반 도렌이 경영에 복귀하여 3년 만에 브랜드를 회생시킨다. 브랜드의 성장 기반이었던 스케이트보드 문화에 적극적으로 투자하기 시작한 것이다. 1998년 미국 오렌지 카운티에 약 4,300제곱미터의 스케이트 파크를 개장했다. 현재 미국에는 캘리포니아에 2곳, 뉴욕과 솔트레이크 시티에, 우리나라에도 홍대와 이태원에서 스케이트 파크를 운영하고 있다.

포인트로 고객을 묶어두는 시대는 지났다.

핵심 가치와 그 실체를 중심으로 고객과 연대감을 형성하라.

반스

트레이더 조

흔적은 넓히면 사라진다

30

Q.

개성 있는 디자인의 스포츠 양말과 셔츠를 5년째 만들어 팔고 있습니다. 매출도 이제 꽤 자리를 잡았고, 브랜드도 좀 알려진 듯합니다. 회사의 성장을 위해서는 품목을 늘리는 것이 필요해 보입니다. 현재는 테니스와 골프 두 종목에 집중하고 있는데, 이미 확보된 고객을 대상으로 가방이나 액세서리 등의 품목을 추가하는 것이 좋을지, 아니면 다른 종목의 스포츠나 캐주얼 등으로 넓혀가는 것이 나을지 고민입니다.

이 책의 원고를 거의 마무리해 갈 무렵, "'신발계의 애플' 추앙받던 친환경 '올버즈'의 몰락'"이라는 다소 충격적인 헤드라인의 기사를 보게 되었다. 2021년 출간했던 『이것은 작은 브랜드를 위한 책』에 등장한 60여 개의 브랜드 사례 중 대표적이라 할 만한 '올버즈'의 이야기였기에 더욱 관심이 갈 수밖에 없었다. "우주에 흔적을 남기고 싶다."는 창업자의 강력한 일성은 책의 부제로 쓰이기까지 했으니 AS 차원에서라도 이 이야기를 이번 책에서 다뤄야겠다고 생각했다.

기사 내용의 핵심은 제품에 문제가 많아 2021년 기업 공개를 했을 당시 28.64달러까지 올랐던 주가가 2023년 8월 14일 현재 1.28달러로 추락했다는 것이었다. "제품에 문제가 많아"라는 문장을 브랜드의 관점에서 설명하는 것이 필요할 듯하다.

올버즈가 세상에 등장했던 2016년에서 이야기를 다시 시작해 보자. 전직 축구 선수였던 팀 브라운은 로고가 크게 박힌 인조 가죽 신발에 염증을 느껴 조이 즈윌링거와 함께 친환경 재료를 사용하여 '세상에서 가장 편한 신발'을 만들었다. 그들의 고향인 뉴질랜드의 메리노 울에서 추출한 원단과 사탕수수 폐기물, 폐페트병 등의 재료로 만들어진 이 신발은 환경이라는 화두를 공유하는 수많은 소비자들, 특히 미국 실리콘 밸리의 테크 종사자들에게 사랑을 받으며 그야말로 우주에 흔적을 남기기 시작했다. 이랬던 올버즈에게 무슨 일이 있었던 것일까?

"제품에 문제가 많아"진 데에는 몇 가지의 원인이 존재했다. 첫 번째, 타깃을 넓히려는 전략이 문제였다. 기존의 3040 소비자에서 20대로 고객층을 확대하기 위한 전략을 시도했으나 그것이 먹히지 않았던 것이다. 두 번째, 핵심 제품이던 울러너나 트리대서 시리즈 외에 고가의 트리 플라이어 시리즈를 출시하면서 신발 라인업을 확장하는 동시에 의류까지 만들기 시작했는데 이것이 올버즈의 실패에 기름을 부었다. 신발에 사용했던 소재를 의류에 사용함으로써 땀에 흠뻑 젖어 무거워진 셔츠나 흐물흐물해진 레깅스에 대한 고객들의 불만이 커졌고 결국 팔리지 않은 의류를 1,300만 달러의 비용을 들여 처분할 수밖에 없었다. 이보다 더 큰 문제는 기존 제품의 내구성에 대한 불만이 계속되었다는 사실이다. 천연 양모로 만든 운동화는 쉽게 구멍이 나거나 해졌다. 좋은 의도에 동의해 제품을 구매했던 소비자들은 품질 문제로 잃고 있었다.

현재 올버즈는 8년간 유지했던 공동 대표 체제를 포기하고 스월링거가 단독 CEO를 맡아 구조 조정을 시도하며 운동화 라인업의 기술 개선에 집중함으로써 실패를 만회하려는 노력을 하고 있다.

브랜드의 관점에서 볼 때, 올버즈의 위기가 시사하는 바는 무엇일까? 브랜드가 'WMYS'를 잃으면 어떻게 되는지 잘 보여주는 사례이다. 'WMYS'는 마케팅에서 통용되는 용어도, 전문가들이 사용하는 특별한 의미가 있는 약어도 아니다. 내가 만든 조합이다. 'What Made You Successful'의 앞 글자를 딴 것이다. 훌륭한 브랜드로 성장하고 싶다면 이것을 잊으면 안 된다. 그래서 '당신을 성공하게 만들었던 핵심 가치'라고 길게 쓰는 대신 한 단어로 만들었다.

올버즈의 'WMYS'는 '친환경 소재로 만든 편한 신발'이었다. 타깃 확장의 오류는 일단 접어 놓더라도, 의류로의 확장과 편하기만 한 신발의 품질 개선 실패는 명백히 올버즈의 'WMYS'와는 거리가 먼 것이었다. 결론적으로 'WMYS'에 집중해서 그것을 강화해야 하는 시기에 무엇을 해도 성공시킬 수 있다는 '승자의 환상'에 사로잡혔던 것이다.

"우주에 흔적을 남기겠다."던 올버즈도 성공의 길에 들어섰다고 '착각'한 많은 브랜드가 해왔던 시행착오를 피해 가지 못했다. 올버즈의 상황을 되돌아 보면 그들이 '승자의 환상'을 가지는 것이 그리 이상할 것도 없었다. 세상에 제품을 선보인 다음 해인 2017년 〈타임〉지는 올버즈를 가장 편안한 운동화로 선정했고, 구글 창업자인 래리 페이지를 비롯해 버락 오바마 대통령과 리어나르도 디캐프리오 등의 유명 인사들이 올버즈를 신으며 큰 관심을 보였다. 이 당시 올버즈의 기업 가치는 약 40억 달러까지 올라가 순식간에 나이키의 대항마로 떠오르기까지 했으니, 승자가 된 기쁨에 취할 만도 했을 것이다.

하지만 이런 일이 결국엔 '환상'에 불과하다는 것을 보여주는 사례는 너무나 많다. 글로벌 브랜드 순위 11위(인터브랜드 선정 2022년 기준)인 맥도날드도 예외는 아니었다. 맥도날드가 피자를 만들었다는 사실을 아는 사람은 많지 않을 것이다. 1980년대 후반에 '맥피자'를 출시한 적이 있다. 맥도날드의 경영진은 맥피자가 저녁 식사 메뉴로 충분히 시장성이 있을 것이라 판단했다. 맥피자가 매장에서 사라지는 데에는 그리 긴 시간이 걸리지 않았다. 이 실패 역시 'WMYS'를 잊었기 때문에 일어난 것이다. 맥피자를 먹기 위해서 고객은 15분 정도 기다려야만 했다. 'fast'라는 가치와는 거리가 먼 메뉴였기 때문에 사람들은 굳이 맥도날드가 만든 피자를 선택할 이유가 없었다. 맥도날드 정도의 글로벌 브랜드도 이럴진대, 작은 브랜드는 이런 함정을 피해 가기 더욱 어려울 것이다.

2003년 본격적인 가맹 사업을 시작해 전국에 800여 개의 매장이 있는 이삭 토스트도 비슷한 경험을 했다. 창업자가 손수 만들어 다른 사람에게 대접했던 토스트를 사업화해 즉석 토스트라는 새로운 카테고리의 대표 브랜드가 되었으니 이삭 토스트도 '흔적'을 남기고 있는 브랜드라 할 만하다. 사람들은 달달한 맛의 소스에 양배추, 치즈 등 다양한 재료가 식빵 사이에 들어간 가성비 좋은 토스트를 좋아했다. 이와 더불어 윤리적인 경영과 가맹점과의 상생 정책을 꾸준히 유지하면서 라이프사이클이 길지 않은 프랜차이즈 업계에서 20년을 버텨내며 브랜드 이미지도 성공적으로 만들어왔다.

이런 경험을 바탕으로 2021년 '이삭 버거' 1호점을 냈다. 얼핏 생각하면 충분히 가능한 일이었다. 토스트용 식빵 대신 버거용 빵, 토스트에 들어간 내용물 대신 햄버거용 패티를 사용하면 그리 어려울 것이 없어 보였다. 이미 알려진 것처럼 이삭 버거는 2022년 말 사업을 접었다. 외형적으로는 비슷해 보이는 일이었지만 이삭 토스트의 'WMYS'가 그대로 적용되기에는 그 본질이 너무 다른 사업이었기 때문이다. 버거로 브랜드의 외연을 넓힌 결정은 잘못된 것이있지만 빠른 시간에 잘못된 결정을 바로잡은 것은 다행이다.

사업을 운영한다는 것은 자전거를 타고 달리는 일에 비유할 수 있다. 일단 달리기 시작하면 멈출 수 없다. 페달을 계속 밟지 않으면 넘어진다. 최고 의사 결정자 입장에서 달리는 자전거의 페달을 더 빨리 밟는 것은 숙명이라 할 수 있다. 이때 문제가 되는 것은 어느 방향으로 달리느냐이다. 대부분의 사람들은 관성적으로 넓은 지평선을 향한다. 하지만 흔적을 남기고 싶다면 자신이 선 중심점을 기준으로 해서 깊이 뚫고 들어가야 한다. 그곳에 'WMYS'라는 브랜드의 맥이 존재하기 때문이다.

넓은 운동장에 선 하나를 그어 흔적을 만들어보자. 자, 이제 어떻게 해야 그 흔적이 뚜렷해질 것인지 생각해 보자. 그 선 위에 선을 더 힘주어 그을 것인가, 아니면 선을 넓혀 면을 만들 것인가?

'WMYS'는 흔적을 만드는 꼭짓점이다.

꼭짓점을 벗어나는 순간, 흔적은 예외 없이 사라진다.

삼분의일

당신의 브랜드는
브랜드가 되어야 한다

31

"그립은 세미 웨스턴으로 돌려 잡으시고, 백스윙 크기는 줄이세요." 테니스 코치가 주문한다. "그리고 오른손을 더 앞으로 끌고 나가세요." 또 다른 주문을 한다. 따라 하면서도 속으로 중얼거린다. '왜 그렇게 하는 건데요?' 목적이 공유되지 않은 방법론은 기술적 모방에 머물 가능성이 크다. 발전적 응용과 동기 부여 측면에서 취약할 수밖에 없다. 자, 이제 그 이야기를 하자. '왜 그렇게 하는 건데요?'

당신의 브랜드는 왜 브랜드가 되어야 하는가? 이 문장에는 세 개의 질문이 섞여 있다. '브랜드가 아닌 건 무엇이고, 브랜드가 된다는 건 또 무엇이며, 그렇게 되었을 때의 이점은 무엇인가?' 첫 번째 질문에 대한 개괄적인 답은 '1. 당신의 브랜드는 브랜드가 아닐 수 있다'에서 어느 정도 설명했다. 다시 짚어보자면 특정한 인식이 만들어지지 않은 제품이나 서비스는 브랜드라고 말하기 어렵다. 또한 그런 인식이 상황에 따라 왔다 갔다 한다면 그 또한 완성된 브랜드라 볼 수 없다. 요약하자면 브랜드가 된다는 것은 핵심 가치를 기반으로 특정한 인식을 만들어 그것을 일관되게 유지할 수 있는 상태를 말하는 것이다.

그럼, 이제 세 번째 질문에 대해 답해 보자. '브랜드가 되면 뭐가 좋은 건데?'

무엇보다 시장에서의 존재 이유가 명확해진다. 경기에서 뛰려면 축구는 11명, 야구는 9명(또는 10명)의 선발 명단에 들어야 한다. 선발 명단에 이름을 올리려면 포지션별로 경쟁하는 선수 중 존재 이유가 분명해야 한다. 많으면 수백 종류의 브랜드가 경쟁하는 상황에서 브랜드의 구체적인 존재 이유가 없다는 것은 치명적이다. 경기장에는 나와 있으나 벤치에 앉아 있는 꼴이다. 그런데 그 존재 이유는 제품이나 서비스가 주장하는 바가 아니라, 선택의 주체인 소비자 마음속에 자리 잡아야 한다.

다양한 맥주 브랜드들이 존재 이유를 만들기 위해 애쓰고 있는 미국 시장에서 20세기까지 독보적인 리딩 브랜드는 '버드와이저'였다. 실제 점유율도 높았지만 그때까지 사용하던 브랜드 슬로건처럼 'King of Beers'였다. 이런 인식은 맥주 소비의 전반적인 감소와 브랜드 다양화로 인해 무용지물이 되었다. '맥주의 왕'은 버드와이저의 일방적인 외침이 되어버렸다. 버드와

이저에게는 새로운 존재 이유가 필요했다. 일단 타깃을 주류 백인 소비자에서 흑인과 히스패닉 계열의 젊은이로 변경했다. 그리고 맥주를 대단한 의미를 가진 존재가 아니라 '그저 별일 없이 소파에 앉아 스포츠 중계를 보며 한 병 마시는' 존재로 현실화하면서 그 자리에 버드와이저를 집어넣었다. 1999년 12월 시작된 'Whassup?(What's up의 구어적 표현)' 캠페인의 이야기이다. 그렇게 버드와이저는 살아났다.

어떤 분야에서 경쟁하건 그 경쟁 상대는 축구나 야구의 선발 경쟁자 숫자보다 무조건 많을 수밖에 없다. 그렇다면 소비자가 인식하는 브랜드의 존재 이유는 명확하고 구체적이어야 한다. 존재 이유를 가져야 그제야 경기장에 서는 브랜드가 되는 것이다. 이런 인식을 갖게 되면 매번 노를 젓거나 페달을 밟아야 앞으로 가는 판매 촉진의 방식에서 벗어날 수 있게 된다. 에너지를 투입하면 동력이 생기는 엔진을 갖게 되는 것이다. 매번 판매 촉진을 위해 새로운 아이디어를 내고 그것을 결정할 때마다 무슨 기준을 적용할 것인지 고민하는 데 쓰는 수고를 조금 더 생산적인 곳에 사용할 수 있게 된다.

수입차 시장에서 벤츠, 비엠더블유에 이어 3위 자리에 머물고 있던 아우디를 위해 국내 캠페인을 기획한 적이 있다. 글로벌 브랜드 콘셉트가 따로 있지만 한국 시장만을 위한 '존재의 이유'가 필요했다. 아우디만의 사륜 구동 시스템인 콰트로를 기반으로 'Korea, the land of quattro'라는 캠페인 아이디어를 제안했다. 전 국토의 70%가 산이고, 눈과 비가 많은 우리나라만큼 콰트로 시스템이 잘 맞는 곳이 없다는 메시지를 전달하고자 했다. 독일 본사의 동의를 얻어 2014년 시작된 캠페인은 3년 동안 시리즈로 제작되었다. 지금 돌아보면 아우디 코리아의 리즈 시절이었다. 브랜드는 명확한 존재의 이유를 갖게 되었고, 의사 결정 과정에서 낭비되는 에너지는 없었다. 마케팅 조직은 다음 아이디어에 집중하면서 추진력을 얻었고, 시장의 긍정적인 반응에 자부심을 갖고 일할 수 있었던 시기였다.

브랜드가 자신만의 존재 이유를 찾게 되면 그 이유가 삶의 의미로 작동하는 타깃층과 만날 가능성이 커진다. 성장을 위한 선순환의 고리를 만들 수 있게 되는 것이다. 브랜드의 존재 이유가 명확하게 정리되지 않은 제품을 보면 대부분 광범위한 타깃층을 향해 온갖 판촉 활동을 전개한다. 업계 후발 주자인 경우에는 더욱더 그렇다.

정확한 존재 이유와 구체적인 타깃을 정의함으로써 성공하고 있는 사례 중 하나가 '삼분의일'이다. '삼분의일'은 2017년 출시된 폼 매트리스 브랜드이다. 24시간 중 삼분의 일이 잠자는 시간이라는 점에서 착안해 브랜드 이름도 그렇게 정했다. 시장에서 폼 매트리스 제품으로 경쟁하는 브랜드는 이미 여럿 존재하고 있었기 때문에, '삼분의일'은 수면의 질이 일의 성과와 직접 관련되는 타깃과의 연결을 시도했다. 자신의 존재 이유를 'Better Sleep, Better Performance'라고 정의했다. 그리고 그에 공감할 수 있는 타깃이 IT 개발자라고 판단했다. 자신의 퍼포먼스를 위해 키보드나 의자 등에 투자를 아끼지 않는 남자 IT 개발자에게 마케팅 활동을 집중했다. 제품 설명도 마치 전자 기기처럼 과학적으로 만들어 고객이 이 제품과 관계를 맺어야 하는 이유를 더욱 명확히 했다.

이렇게 만들어진 선순환의 고리는 남자 IT 개발자를 구심점으로 해서 구매자의 외연을 확장시키는 것은 물론이고, 개인화된 숙면 솔루션을 제공하는 스마트 매트리스를 선보이는 등 브랜드가 정해 놓은 방향에 따라 일관성 있게 발전해 가고 있다.

무엇보다 브랜드가 되어야 하는 가장 중요한 이유는 가치 창출이다. 앞에서 말한 과정을 거치면서 브랜드는 궁극적으로 가치를 만들어간다. 브랜드가 된다는 것은 매출의 상승이나 수익의 확대를 넘어 브랜드의 총체적인 가치를 높이는 결과를 낳는다. 100대 글로벌 브랜드를 매년 발표하는 '인터브랜드'도 자신들이 정한 공식에 따라 브랜드의 가치를 달러로 계산해 순위를 정한다.

1997년 'Think Different'라는 핵심 가치를 만들어 새롭게 출발한 애플의 브랜드 가치는 2022년 인터브랜드 발표 기준 4,800억 달러가 넘는다. 당신의 브랜드도 그렇게 되지 말라는 법이 없다. 그래서 당신의 브랜드는 브랜드가 되어야 한다.

진정한 존재의 이유를 찾아라.

그리고 그것을 원하는 사람과 만나라.

결국 브랜딩은 사랑에 관한 이야기이다.

Korea.
Land of quattro®

평균 적설량 45cm, 눈과 비 그리고
산의 나라를 질주하는 Audi quattro

평균 적설량 45cm의 많은 눈이 내리는 대한민국의 겨울 길을 달리는
당신에게는 과 탁월한 콰트로 시스템이 기술이 필요합니다.
노면에 따라 네 바퀴에 가장 적절한 파워를 분배하는 주행안정성,
언제나 눈길이나 빗길에서도 안정성까지 대비할 수 있는 뛰어난 전천후까지
이것이 눈길과 그리고 산의 나라에 딱 맞는 Audi quattro가 기술입니다.
www.audi.co.kr

Audi
Vorsprung durch Technik

두 번째 책을 마치며
                    ― 사례의 두 얼굴

윌은 세 번째 책이다. 2021년 12월『이것은 작은 브랜드를 위한 책』을 출간하기 한참 전인 2009년『더 링크The Link』라는 책을 낸 적이 있으니 그것이 첫 번째이다. 그럼에도 불구하고 족보에 제대로 이름을 올리지 못하는 존재가 되어버린 것은 '팔리지 않았기' 때문이다. 그 책을 내고 무려 12년이 흘러 쓴『이것은 작은 브랜드를 위한 책』은 나의 기대를 열 배쯤 뛰어넘어 팔리고 있는 것 같다.

두 책 사이에는 무시하지 못할 꽤 긴 세월이 존재하니 그간 내 머릿속에 더 입력된 것이 없지는 않겠지만 지금에 와서『더 링크』를 다시 읽어봐도 초판을 찍고 말 정도의 망작은 아니다. 물론 실질적 첫 책인『이것은 작은 브랜드를 위한 책』의 원고는 내가 쓰고자 하는 것을 독자의 입장에서 잘 소화할 수 있도록 담금질을 해준 몽스북 안지선 대표의 온화하면서도 날카로운 리더십 덕을 꽤 보았다. 이 글을 쓰면서 두 책을 나란히 놓고 넘겨 본다. 가장 큰 차이는 사례의 수준이다.『더 링크』에 등장하는 사례는 몇 개 되지도 않을뿐더러 내가 직접 담당했거나 당시 잘 알려진 것들이어서 독자의 이해를 돕기에는 많이 부족했다.

반면『이것은 작은 브랜드를 위한 책』에서는 66개의 사례가 글의 흐름 전반을 이끌어 간다.

『이것은 작은 브랜드를 위한 책』을 읽고 도움을 받았다는 독자들의 반응 중에서도 사례에 대한 언급이 많은 것을 보면 (특히 독자들이 잘 알지 못했던) 사례가 내가 하고자 했던 이야기의 핵심을 전달하는 데 큰 역할을 했던 것은 분명한 것 같다.

그래서 이번 책에서도 도움이 될 만한, 하지만 다른 브랜드 책에서 다루지 않았던 사례를 발굴하는 데 많은 시간과 에너지를 쏟았다. 내가 쓰고 싶은 주제와 딱 들어맞는, 나도 몰랐던 사례를 찾아내면 로또 3등 정도 당첨된 기분이 들었다. 적합한 사례를 찾으면 글도 술술 잘 써졌다. 덤으로 다음 사례도 잘 떠올랐다. 어떤 경우에는 좋은 사례를 보고 생각지도 못했던 글의 주제를 떠올리기도 했다. 이러니 브랜딩이나 마케팅이 궁금하고 필요해 이 책을 읽는 분들께 사례는 피아노 협주곡에서 오케스트라의 역할만큼이나 중요할 것이다. 내가 말하고자 하는 주제는 피아노 멜로디인데 오케스트라의 협연 없이는 그 느낌이 전

달라지지 않으니 말이다.

이번 책에서도 새롭게 등장하는 사례들과 개인적으로 직접 경험했던 사례들을 가능한 한 많이 넣으려 애썼다. 하지만 수많은 순기능을 가진 사례를 받아들일 때 몇 가지 점에 유의해야 한다. 일단 아무리 좋은 사례라 하더라도 글의 주제를 잘 반영하고 있는 한 시점의 이야기라는 점을 알아야 한다. 내가 사례로 선정한 브랜드들이 지속적으로 브랜드를 잘 운영해 주면 좋겠지만, 현실은 그렇지 않다. 대표적인 사례가 이 책 30번째 이야기에 등장한 '올버즈'이다. 2020년 『이것은 작은 브랜드를 위한 책』을 쓸 당시만 하더라도 분명 '우주에 흔적을 남기고' 있었는데, 어느새 실패한 브랜드가 걷는 길로 들어서 있었다. 25번째 주제에 등장하는 '서 켄싱턴 케첩'은 2017년 유니레버에 인수된 이후 케첩 사업을 접고 돈이 되는 마요네즈에 집중하기로 했다고 한다. 이 밖에도 내가 미처 캐내지 못한 사실들이 사례의 뒤에 숨어 있을 수 있다. 사례에 사용된 브랜드의 디테일을 보기보다 주제와 관련된 사실에 초점을 맞추어 읽는 것이 현명하리라 생각한다.

이보다 더 중요한 사실은, 사례는 미래가 아니라 과거라는 점이다. 잘된 사례는 따라 하고 싶기 마련이다. 실제로 규모가 꽤 큰 클라이언트로부터도 "~처럼 해주세요."라는 요구를 받는 경우가 종종 있다. 의도는 이해가 되나 가능하지도 바람직하지도 않은 일이다. 성공한 사례의 핵심을 파악하는 것이 중요하다. 구체적인 방향성이나 실행 아이디어를 흉내 내는 것은 이미 노출된 전략을 써먹는 격이니 시장에서 통할 가능성이 낮다. 그 사례가 시사하는 바를 제대로 짚어내는 것이 현명한 브랜드 운영자의 능력이다. 그리고 그것을 자신의 브랜드가 처한 상황에 맞게 소화하여 적용해야 한다.

주제에 대한 이해를 돕기 위한 것이 사례이다. 너무 사례의 내용에 경도되는 것은 임윤찬의 라흐마니노프 3번 피아노 협주곡을 들으며 오케스트라의 연주에만 몰입하는 격이 아닐까 싶다. 내가 어렵사리 건져낸 사례들이 새로운 성공 사례로 거듭나길 진심으로 희망한다.

이것은 작은 브랜드를 위한 책

실전편

초판 1쇄 발행 2023년 9월 18일
초판 5쇄 발행 2025년 2월 10일

지은이 이근상
펴낸이 안지선

디자인 석윤이
교정 신정진
진행 배효은
마케팅 타인의취향 김경민·김나영·윤여준
경영지원 강미연

펴낸곳 (주)몽스북
출판등록 2018년 10월 22일 제2018-000212호
주소 서울시 강남구 학동로4길15 724
이메일 monsbook33@gmail.com

ISBN 979-11-91401-74-5 03320

* 이 책은 『당신의 브랜드는
브랜드가 아닐 수 있다』의 개정판입니다.

mons (주)몽스북은 생활 철학, 미식, 환경,
디자인, 리빙 등 일상의 의미와 라이프스타일의
가치를 담은 창작물을 소개합니다.